VILLEN UND GÄRTEN
DER TOSKANA

Die Gartenfassade
der Villa La Petraia

VILLEN UND GÄRTEN DER TOSKANA

Text Sophie Bajard
Farbaufnahmen Raffaello Bencini

TERRAIL

INHALT

Weitere florentinische Villen:

Das sogenannte „Maskenfischbecken" im Park
der Villa von Pratolino

Umschlagbild vorn
Die Villa von Cetinale

Umschlagbild hinten
Die Gärten der Villa Garzoni

Verlegerische Leitung: Jean-Claude Dubost und Jean-François Gonthier
Buchgestaltung und Layout: Bernard Girodroux
Übersetzung aus dem Französischen: Diethard H. Klein
Redaktion und Betreuung der deutschen Ausgabe: Bücher- GmbH, Bayreuth
Satz und Textfilme: Typo-Studio Lehner, Weiden
Farblithos: Litho Service T. Zamboni, Verona

Weltrechte: © FINEST S. A./EDITIONS PIERRE TERRAIL, PARIS 1992
Ein Unternehmen der Buchabteilung von Bayard Presse S. A.
Deutsche Ausgabe: © 1992
ISBN 2-87939-058-3
Printed in Italy

Einleitung

Wer hat nicht schon, wenn er seine Augen über den Landschaftshintergrund auf den Gemälden Peruginos, Raffaels oder Leonardo da Vincis schweifen ließ, geträumt von den sanften Hügeln der Toskana, getaucht in das bläuliche Licht der Dämmerung und durchzogen von sich dahinschlängelnden Wasserläufen und gezackten Wegen, die begleitet werden von den Umrissen der schlank aufragenden Zypressen...Wer hat sich nicht schon danach gesehnt, einen Ruhesitz dort sein eigen nennen zu können, wo er im Einklang mit der Natur und fernab vom Getriebe der Städte ein Leben in heiterer Beschaulichkeit führt...

Einigen Bevorzugten ist ein solches Glück beschert, und einige von ihnen haben wir im Laufe unserer Wanderungen kennengelernt. Die Auswahl war dabei schwierig — denn wenn schon im sechzehnten Jahrhundert der bekannte florentinische Geschichtsschreiber Benedetto Varchi über die stets wachsende Zahl von Villen staunte, welche sich auf den Hügeln um die Stadt fanden, so sind diese heute geradezu übersät damit. Unser hier vorgelegter Überblick kann daher nur eine kleine Auswahl dieser prächtigen und oft unbekannten Anlagen zeigen, welche das toskanische Hügelland zieren. Dabei haben wir uns bemüht um Berücksichtigung der geografischen, gesellschaftlichen, politischen, wirtschaftlichen und nicht zuletzt künstlerischen Vielfalt dieser Region und unser Hauptaugenmerk vor allem auf die drei prägenden Anziehungspunkte Florenz, Lucca und Siena gerichtet. Grundlage unserer Auswahl waren die Empfehlungen guter Freunde, eingehende Lektüre, unmittelbare Begeisterung und gewisse Zufälligkeiten unserer Wegstrecke. Raffaello Bencini und ich haben uns dabei leiten lassen vom Instinkt und unseren persönlichen Neigungen, und ganz entscheidend für das Zustandekommen dieses Buches war die geistige Übereinstimmung und die vorzügliche Zusammenarbeit mit dem Fotografen, dem ich in vielen Bereichen zu Dank verpflichtet bin und auf dessen Freundschaft ich stets rechnen konnte.

Zahlreiche Villen sind heute ganzjährig bewohnt, vor allem jene in unmittelbarer Nähe der großen Städte. Ihre Besitzer, die teils dem alten toskanischen Adel, teils dem wohlhabenden Bürgertum und teils der Schicht begüterter Ausländer angehören, haben sie zwar im Hinblick auf Bequemlichkeit und modernen Wohnkomfort etwas umgebaut, dabei aber immer den Charme der Vergangenheit bewahrt. Ich bin überzeugt davon, daß sie dem Zitat von Bernard Berenson, dem nun dahingegangenen einstigen Eigentümer der Villa ‚I Tatti', zustimmen, das ich als Motto hierhersetzen möchte: „Ich frage mich, ob nicht das größte Geschenk der Kunst darin besteht, daß sie uns den künstlerischen Wert der Werke der Natur erfühlen und begreifen lehrt."

Olivenhaine und die
Hügel des Chianti
rings um die Villa von Cetinale

Ein historischer Überblick

Ursprünge und gesellschaftliche Funktion der toskanischen Villa

Um zu verstehen, warum in der Neuzeit in ganz Italien Villen wie die Pilze aus dem Boden schossen, muß man sie in ihrer Beziehung zu ihrem gesellschaftlichen, politischen und wirtschaftlichen Umfeld sehen. Vom Beginn des zwölften Jahrhunderts an begann Florenz, seine politische Herrschaft auszudehnen auf die anderen Städte der Toskana wie Arezzo, Fiesole, Pistoia, Pisa und Prato, und sein Herrschaftsbereich war geprägt vom Gleichgewicht zwischen Städten und flachem Land. Die beiden Hauptwirtschaftszweige Woll- und Seidenhandel ließen nahezu überall kleine Produktionszentren entstehen, was wiederum zu neuen Siedlungskernen auf dem Lande führte. Neben die zerstückelten Besitzungen aus der Feudalzeit, die in den Händen des Adels waren, traten nun kleine Besitzungen von Landbürgern. Von nun an finden sich in der Nachbarschaft der Burgen *case da signore* (Herrenhäuser) mit zugehörigen *case da lavoratore* (Landarbeiterkaten) und *case coloniche* (Bauernhöfe).

Im dreizehnten und vierzehnten Jahrhundert erlebte die Toskana einen außerordentlichen wirtschaftlichen Aufschwung, der einer neuen Schicht zu verdanken ist, die wir heute als „Unternehmer" oder „Wirtschaftsführer" bezeichnen würden. Die betreffenden Leute kamen teils aus dem Adel, teils aus dem neuerdings wohlhabend gewordenen Bürgertum, und sie beschäftigten sich mit den gleichen Dingen und führten das gleiche Leben. Als tüchtige Bankiers (deren erste überhaupt die Florentiner waren — und jahrhundertelang war ‚fl.' als Abkürzung für ‚Florin' die gängige Bezeichnung für den Gulden) betrieben sie Geldgeschäfte mit Hilfe von Wechseln, Kreditbriefen, Ausleihe und Überweisungen. Aber sie sind auch Großkaufleute, die Textilerzeugnisse (Woll-, Baumwoll- und Leinengewebe, Seidenstoffe und Brokat), Nahrungsmittel (Getreide, Öl und Gewürze), Rohstoffe (Blei, Eisen usw.) und Luxusartikel (Pelze, Schmuck, Gold- und Silberschmiedewaren, Teppiche und Gemälde) kauften und verkauften, und Produzenten für Woll- und Seidenstoffe. Das Musterbeispiel dafür sind die Medici: ihr 1397 durch Giovanni di Bicci begründetes Unternehmen geht auf dessen Sohn Cosimo den Älteren über, der es bis zu seinem Tod 1464 glänzend ausbaut und es zu einer ersten „Holding" macht — neben der Bank, der Seidenfabrik und den beiden Wollmanufakturen in Florenz begründet Cosimo in ganz Europa zahlreiche Niederlassungen, so etwa in Pisa, Rom, Venedig, Mailand, Avignon, Brügge, London und Genf, die Handel treiben mit den fernen Ländern der Levante und des osmanischen Reiches. Er ist Geschäftspartner der Könige und Fürsten Europas, denen er beträchtliche Summen leiht, und wird sogar offizieller Bankier des Apostolischen Stuhls.

Die meisten toskanischen Geschäftsleute stecken ihr Geld in Immobilien und erwerben Grund- und Hausbesitz sowohl in der Stadt als auch in der Umgebung. Gelegentlich gehen die mit Hypotheken belasteten Besitzungen ihrer Gläubiger in ihr Eigentum über, wenn diese ihre Schulden nicht bezahlen können. Wenn ein solches Besitztum dem Betreffenden dazu diente, seinen Reichtum zu zeigen und vor seinem Bankier als kreditwürdig dazustehen, so war es für den letzteren um so interessanter auch als Sicherheit. Der Landsitz ist insbesondere auch das Zentrum ausgedehnter landwirtschaftlich genutzter Flächen und mit deren Nutzung verbunden. Seit Abschaffung der Leibeigenschaft schon im dreizehnten Jahrhundert hatte sich in der Toskana das System der „Halbpacht" entwickelt. Nur wenigen Halbpächtern gelingt es in dieser Zeit der Teuerung, Besitzer zu werden und zu bleiben; die vielen anderen bauen auf den zum Landsitz gehörenden Flächen Grundnahrungsmittel an, kümmern sich um Viehherden und Fischbestände und betreiben die Erzeugung von Obst und Gemüse, Olivenöl und Wein, die dann

Oben
Von der Terrasse der Villa Gamberaia
schweift der Blick über die Dächer
von Florenz.

Unten
Die Terrasse der Villa Gamberaia
bietet eine Aussicht auf Florenz
und die Olivenhaine der Hügel
um Settignano.

oft ihren Weg in alle Winkel Italiens und Europas finden. Als für das Wirtschaftsleben der damaligen Zeit unersetzliche Einkunftsquelle wird ein solcher Landsitz von seinem Inhaber aus der Ferne geführt, der für den eigentlichen Betrieb einen Vertrauensmann einsetzt und nur im Sommer für kurze Zeit herkommt, um die Ernte zu überwachen und die Abrechnungen zu überprüfen. Dann wohnt er in der eigentlichen Villa, die sonst meistens verwaist ist, und genießt einen Erholungsaufenthalt, den er sich nach harter Arbeit in der Stadt wohl verdient hat.

Vom Ende des vierzehnten Jahrhunderts an herrscht in der Toskana echter finanzieller und industrieller Kapitalismus; die Männer der Wirtschaft sind nun jeweils Händler, Transportunternehmer, Bankiers, Wechsler, Versicherungsbetreiber und Industrielle. Die wachsende Zahl ihrer Niederlassungen zwingt sie, mehr und mehr ihre Aufgaben zu delegieren und auf eigene Reisen in ihre fernen Firmensitze zu verzichten; daher betreiben sie nun ihre Geschäfte vom Hauptsitz der Gesellschaft aus, werden seßhaft und zu „Büromenschen". Auch ihre Lebenseinstellung ändert sich: aufgrund ihres gesellschaftlichen Aufstiegs wollen sie nun ihren Reichtum und ihre Macht zur Schau stellen und werden zu Mäzenen. Sie beauftragen die großen Architekten der Zeit wie Michelozzo Michelozzi, Leon Battista Alberti und Giuliano de Sangallo mit dem Bau von Palästen und Villen, fördern die Entwicklung von Kunst und Wissenschaft und verfeinern ihre Bildung und ihr Auftreten, indem sie sich die Zeit für Studien auf den verschiedensten Gebieten nehmen. So entsteht nun eine neue Schicht von „gebildeten Kaufleuten", welche die Entfaltung eines frühen Humanismus in Italien begünstigen. Mehr und mehr entwickeln sie einen gewissen Individualismus, widmen sich eifrig neuen geistigen Strömungen und richten ihr Streben auf einen Ort der Ruhe und Entspannung — die Villa auf dem Lande. Dort wandeln sie, zurückgezogen in kleine abgeschlossene Gärten und weitab vom lauten Treiben der Stadt, auf den Spuren der altrömischen Schriftsteller (Plinius, Seneca, Columella und besonders Vergil mit seinen *Bucolica* und *Georgica*), die ein ideal überhöhtes Landleben besingen, inmitten der freien Natur und voll der Besinnlichkeit. Die Villa wird zum Abbild des verlorenen irdischen Paradieses, in der man ein gesundes, dem Landbau gewidmetes Leben führt. Lorenzo der Prächtige besingt in seinen Gedichten, wie der *Nencia de Barberino*, selbst das Glück des einfachen Bauern und begründet so die Mode des „Pastoralen", indem er seine Villa in Careggi zum Sitz der neuplatonischen Akademie unter Leitung seines Freundes, des Philosophen Marsilio Ficino macht. Dort entdecken Ficino und andere große Humanisten wie Pico della Mirandola und Angiolo Poliziano die Texte Platons und seiner Schüler wieder und übersetzen sie. Die Villen, ihre Gestaltung und ihre Funktion werden zum Thema für zahlreiche Abhandlungen, so zum Beispiel von L. B. Alberti, A. F. Doni, G. Falcone, A. Gallo und F. Petrarca. Überall in den Hügeln der Toskana entstehen nun neue Landsitze: 1472 zählt man schon mehr als 3.600 von ihnen, die einen Gesamtwert von über vierzehn Millionen Dukaten darstellen.

Zu Beginn des sechzehnten Jahrhunderts wirken dann verschiedene Faktoren zusammen, welche die Situation dieser großen Kaufleute grundsätzlich verändern. Zum ersten haben die Kriege, die Italien verwüsten, rasch verheerende Auswirkungen auf die Wirtschaft des Landes, von denen auch die Toskana nicht verschont bleibt; zum anderen beschränken sich die toskanischen Großkaufleute auf ihre Rolle als Bankiers, einem bedrohlichen Wettbewerb auf internationaler Ebene ausgesetzt durch den Handel der Spanier und Portugiesen (vor allem mit Amerika) und durch die neue Textilindustrie in Venedig, Mailand, Lyon und England. Hinzu kommt, daß Siena und Florenz politisch unruhige Zeiten erleben durch die Regierungskrise in Siena nach dem Tod des dort seit 1487 herrschenden Pandolfo Petrucci im Jahre 1512 und der Vertreibung der Medici aus Florenz im Jahre 1494, der die Umwandlung in eine Republik und die kurze Herrschaft Alessandros de Medici folgt.

Ruhe kehrt erst wieder ein unter Cosimo I., der 1537 zum Herrscher von Florenz berufen wird und das Großherzogtum Toskana begründet, in dem 1557 auch die Republik Siena aufgeht. Der neue Herrscher organisiert das florentinische Verwaltungs- und Justizsystem neu, fortan für das gesamte Großherzogtum gültig, und versammelt um sich eine neue Schicht leitender Beamter, die ebenso aus dem kleinen und mittleren Bürgertum wie aus den alten Adelsgeschlechtern stammt. Cosimo will die reichen Kaufleute dadurch entschädigen, daß er sie adelt und ihnen Ländereien zuspricht, auf die sie sich zurückziehen können. Diese Bewegung der „Refeudalisierung" führt dazu, daß überall neue Landsitze entstehen, die höchstens während der Hälfte des Jahres bewohnt sind, nämlich im Sommer und im Herbst. Gegen 1520 zählt man allein in der Umgebung von Florenz davon schon 32.000. Zahlreiche Künstler werden herbeigerufen, um alte Landhäuser, die jetzt zu schlicht erscheinen, zu restaurieren und zu verschönern. Geräumig und luxuriös, steht jetzt die Villa nicht mehr unbedingt in Beziehung zu landwirtschaftlicher Nutzung. Man pflegt hier jetzt nicht mehr „idyllisches Landleben", man sucht hier nicht mehr Ruhe und Einsamkeit, sondern glänzendes Vergnügen in großer und zahlreicher Gesellschaft — die Villa ist zum Statussymbol geworden.

Diese Entwicklung verstärkt sich noch während des ganzen sechzehnten und siebzehnten Jahrhunderts. Ferdinand I. führt die Politik seines Vorgängers fort und sichert, ein wahrer Handelsherr, den Medici das Monopol des Getreidehandels (sowohl Einfuhr als Ausfuhr); der Getreideproduktion dienen die verschiedensten Besitzungen der Medici wie Careggi und Poggio a Caiano. Die geadelten Kaufleute investieren nun vorwiegend im Ausland in Kommanditgesellschaften und in der Toskana in Grund- und Immobilienbesitz. Sie verfügen nun meist über mehrere Lehensgüter, die mit erheblichen Vorrechten verbunden sind in bezug auf Straf- und Zivilgerichtsbarkeit, Jagd- und Fischrechte sowie die Steuererhebung, und bilden eine geschrumpfte Oberschicht, in deren Händen sich der Großteil der landwirtschaftlichen Flächen befindet. Sie führen das gesellschaftliche Leben des Hofadels und feiern Bankette und Feste in ihren Landsitzen, die sie zu wahren Palästen ausbauen. Diese Vergnügungen und Festlichkeiten auf dem Lande sind inzwischen weit aufwendiger und verschwenderischer als solche in der Stadt, und der Aufenthalt auf dem Land erstreckt sich nun fast über das ganze Jahr, den Winter ausgenommen.

Nach dem napoleonischen Zwischenspiel und der Wiedereinsetzung der Lothringer als Großherzöge der Toskana im Jahre 1815 strömen englische, holländische und deutsche Besucher nach Italien, vorwiegend Künstler und Schriftsteller, angezogen von den Ruinen der Antike, welche der neue Zeitgeist der Romantik so interessant macht, und der Schwärmerei für das mythische Italien als Wiege der westlichen Kultur. Sie verlieben sich in die Toskana, entscheiden sich fürs Bleiben und kaufen viele der alten Villen, denen sie manchmal ihren Renaissancecharakter belassen und die sie anreichern mit großartigen Sammlungen von Gemälden, Statuen und Kunstgegenständen aller Art, die eines jeden Museums würdig sind. Die Villa wird zu ihrem Hauptwohnsitz, und die Italiener, die des turbulenten Lebens in der Stadt müde sind, machen es ihnen nach.

Umfeld und Lage

Unter dem Einfluß von Humanismus und pastoraler Welle entwickelt sich bald eine ganze Theorie über die ideale Lage der Villa. Diese stützt sich in starkem Maße auf das Modell der berühmten, Laurentinum genannten Villa des Politikers und Schriftstellers Plinius d. J. in Tusculum, die dieser in einem Brief an seinen Freund Domitius Apollinaris schildert. Dabei beschreibt er jedoch weniger architektonische Details als sozusagen Stimmungsbilder — die Räume sollen Seelenzuständen entsprechen beziehungsweise ihre Wirkungen so ausüben, daß derjenige, der sich in ihnen aufhält, zur Übereinstimmung mit sich selbst findet. Diese Idee greift vor allem L. B. Alberti auf im fünften Buch seiner *Re aedificatoria*, in dem er sich mit der Wahl des geeigneten Platzes für eine Villa beschäftigt und mit den dafür notwendigen Voraussetzungen. Seiner Meinung nach ist eine der wesentlichsten Voraussetzungen die harmonische Übereinstimmung mit der Natur. Deshalb soll eine Villa in Beziehung stehen mit landwirtschaftlicher Nutzung und daher in fruchtbarem Gelände liegen, das sowohl Ackerbau und Viehzucht als auch Forstwirtschaft gestattet. Zudem sollte möglichst ein Wasserlauf zur Verfügung stehen

Oben
Vom hohen Turm der Villa Il Trebbio aus schaut man hinunter auf die von Zypressen umstandene Terrasse und im Hintergrund das ganze Mugellotal.

Unten
Der Park der Villa in Cafaggiolo

und auch die Stadt nicht zu weit sein, damit man dort die landwirtschaftlichen Erzeugnisse leicht verkaufen könne. Das Herrenhaus sollte inmitten der Besitzung und im Kern der sonstigen Gebäude liegen, um deren jeweils unmittelbare Kontrolle zu ermöglichen. Eine solche Besitzung sollte sich selbst versorgen können, und daher gehörten dazu neben den Wohngebäuden für die Landarbeiter oder Pächter auch ein Rinderstall, ein Pferdestall, Anlagen zur Schafhaltung, Keltern für Wein und Öl, ein Weinkeller, ein Gewächshaus, eine Mühle, eine Scheune und entsprechende Gebäude für die Geflügel- und die Vorratshaltung. Außerdem sollte die Villa gewissen Anforderungen auf dem Gebiet von Gesundheit und Hygiene entsprechen und frische und angenehme Luft bieten können. Wald und Wasser sollten dem Besitzer auch die Möglichkeit zur Jagd und zum Fischfang geben, und dies nicht nur, um die Verpflegung zu sichern, sondern durchaus auch als Sport und Erholung und körperlicher Ausgleich. Ferner war erwünscht ein günstiges Klima, eine sonnige und nicht zu stark den Winden ausgesetzte Lage und möglichst ein Platz auf der Kuppe eines Hügels. Ein solcher Standort bietet natürlich eine ganze Reihe von Vorteilen: man kann die schöne Aussicht genießen, und außerdem erhebt man sich damit symbolisch über das gemeine Volk. Nach Alberti muß „die Villa der Großen sich auf dem würdigsten Platz des Besitztums erheben und nicht auf dem fruchtbarsten." Gefragt ist auch ein weites Gelände um die Villa, und so erstreckt sich der Gesamtbesitz zum Beispiel um die Villen von Trebbio, Cafaggiolo oder Careggi auf bis zu zehn Hektar. Er ist unterteilt entlang einer Längsachse, die vom Haupteingang zur Villa und von dort durch den Garten läuft, und weiter durchschnitten von Quer-, Parallel- und Schrägachsen. Das ganze Gelände ist ausgerichtet auf den Wohnsitz des Herrn, den Bezugspunkt, dem in fester Ordnung alles zugeordnet ist: Gärten und Kapelle, Gemüse- und Obstplantagen, die Behausungen der Pächter und des Verwalters, Nebengebäude und Höfe, Wald und Feld…

Architektur und Dekoration

Ursprünglich erinnert die ländliche Villa an einen großen Gutshof, der das Herrenhaus, die Häuser für Verwalter und Pächter und die verschiedenen Nebengebäude als geschlossenen Block um einen Hof herum vereinigt. Ihr Erscheinungsbild unterscheidet sich kaum von dem der Bauernhöfe, die man heute allerorts in der Toskana findet. Der Hang zur geschlossenen Bauweise erklärt sich aus zwei Gründen: zum einen empfiehlt sie sich angesichts der kriegerischen Zeiten aus Sicherheitsgründen, zum anderen erlaubt sie dem Stadtbürger, der im zwölften Jahrhundert noch ängstlich um Besitz und Vermögen besorgt ist, bei seinem Landaufenthalt die Arbeit der Pächter mit eigenen Augen zu überwachen. Die Sicherheitserwägungen veranlassen den Besitzer auch zu zusätzlichen Schutzmaßnahmen, so daß wahre befestigte Gutshöfe mit einem Wachturm, ja richtige kleine Burgen entstehen. Das Herrenhaus greift die Raumeinteilung römischer Villen auf, deren wenige Räume, oft nur vier oder fünf, um einen Innenhof (das Atrium) angeordnet sind, der wiederum mit einem Säulengang (dem Peristyl) im Erdgeschoß und einer Loggia im Obergeschoß geschmückt ist. Eine enge Wendeltreppe führt vom Erdgeschoß nach oben. Ein kleines Gärtchen, das dem Hausherrn zur Erholung dient, vervollständigt diesen geschlossenen Raum mit seiner intimen, in sich selbst ruhenden Atmosphäre. Die Mauern sind meist weiß gekalkt, der Boden ist gewöhnlich mit Ziegeln belegt. Eher selten sind die Balkendecken mit zurückhaltenden Ornamentmalereien geschmückt. Das häusliche Leben hat Vorrang, und es ist noch nicht wichtig, den seltenen Besuchern seinen Reichtum zu zeigen.

Selbst als im 14. und 15. Jahrhundert die toskanische Villa größer und prächtiger wird, bewahrt sie doch vor allem unter dem Einfluß Michelozzo Michelozzis Schlichtheit und Zurückhaltung. Dieser bedeutende Architekt, der schon für den Palast der Medici in Florenz verantwortlich zeichnet, wird von Cosimo dem Alten damit beauftragt, die alten Burgen von Trebbio, Cafaggiolo, Careggi und Fiesole in wohnliche Villen umzuwandeln. Er entwickelt dafür ein gleichbleibendes Schema mit einigen Variationen: ein kompaktes, von Türmen eingerahmtes Gebäude mit dreiteiliger Fassade, das einen Innenhof mit Portikus und Loggia im oberen Stock umschließt. Erhalten bleiben die mittelalterlichen Befestigungselemente und die geringe Anzahl von Öffnungen, die den Charakter des Abgeschiedenen und Klösterlichen unterstreichen. Bestimmend war dabei für die Medici nicht nur der unmittelbare Wunsch nach Schutz, sondern auch das Bestreben zur Sicherung der immer noch gefährdeten Herrschaft über die Florentiner. So entsprechen Michelozzis Villen weit mehr funktionalen Vorgaben und dem Willen zur Machterhaltung als dem Bemühen um Schönheit und Originalität.

1485 faßt Leon Battista Alberti, der große florentinische Humanist und Architekt, in seinem Werk *De re aedificatoria*, das er Lorenzo dem Prächtigen (il Magnifico) widmet, die Hauptregeln für Proportionen und Ausgewogenheit zusammen, die schon von den römischen Architekten wie vor allem Vitruv verkündet worden waren. Lorenzos Lieblingsarchitekt, Giuliano de Sangallo, wendet diese Regeln getreulich an bei der Villa von Poggio a Caiano, in die alle humanistischen Träume des Menschen des 15. Jahrhunderts eingehen. Von nun an folgt die Villa strengen geometrischen und symmetrischen Regeln. Sangallo verzichtet als erster auf den traditionellen Innenhof und ersetzt ihn durch einen gewölbten Salon, der zum Zentrum des neuen gesellschaftlichen Lebens in der Villa wird. Mit dem Ziel einer harmonischeren Einbeziehung in das Umfeld empfahl Alberti eine Planierung des Geländes. Bei der Villa von Poggio a Caiano erreicht Sangallo einen schrittweisen Übergang von der Villa in den Garten, indem er erstere mit einer arkadengestützten Terrasse umgibt. Auf sein Harmoniebedürfnis geht wohl auch der Rückgriff auf den Portikus an der Fassade zurück, der nun nicht mehr von achtkantigen Pfeilern mit Blätterkapitellen, sondern von schlanken Säulen mit ionischen Kapitellen gebildet wird. Nach seinem Beispiel zeigen von nun an die Fassaden der toskanischen Villen eine Reihung größerer symmetrischer Öffnungen, die betont werden durch die Rahmungen aus *pietra serena*, dem grauen florentinischen Kalkstein. Die einzelnen Stockwerke sind durch Kranzgesimse deutlich voneinander abgehoben, der Haupteingang wird durch eine Bogenarchitektur aus Bossenquadern betont. Die Innentreppe wird geräumiger und durch eine Rampe leichter zugänglich. Die Säle sind vom Boden bis zur Decke geschmückt mit Fresken, die bukolische, mythologische oder historische Themen behandeln und von den großen Meistern der Zeit wie Pontormo, Bronzino, Andrea del Sarto und Alessandro Allori geschaffen wurden. Die Ausstattung wird reicher und gewinnt an Bedeutung, Orientteppiche kommen hinzu. Der Boden besteht nun aus Majolikakacheln oder aus den glasierten Ziegeln von Impruneta.

Aufgenommen und weiterentwickelt wird dieses architektonische Schema im 16. Jahrhundert durch Bernardo Buontalenti, den genialen Erfinder von Theaterinszenierungen, hydraulischen Spielereien und Automaten, dem Architekten und Militäringenieur Francescos I. und Ferdinandos I. de' Medici, den Schöpfer der Boboligärten und der Medicivilla in Florenz. Für die Medici entwirft er die Villen von La Magia, Pratolino, La Petraia, Artimino, Ambrogiana und Lappeggi. Die Villa in Pratolino ist dabei eine regelrechte Kopie jener von Poggio a Caiano. Auf Wunsch des neuen Adels öffnet sich nun die Villa für Feste und Empfänge, und ihre Architektur wird zweckmäßiger und mehr auf das Gesellschaftliche ausgerichtet; die Nebengebäude werden jetzt vom Herrenhaus abgerückt. Der neue Villengrundriß verbindet in der Form eines L, U, H oder T verschiedene Flügel, die sich zum Garten öffnen. Vor das erste Stockwerk wird eine gedeckte Loggia gesetzt, von der aus man den Garten bewundern kann. Die Außentreppe soll mit ihren dynamisch wirkenden Zugangsrampen nun die Besucher beeindrucken. Als Zeugnis der Macht behält die Villa auch einige ihrer früheren wehrhaften Elemente bei, die von Buontalenti im Geschmack der Zeit umgestaltet werden: die Bastionen verwandeln sich zu Vergnügungsterrassen, die Wehrtürme zu Aussichtstürmen. Da der Besitzer hier jetzt mehr Zeit verbringt als früher, ist man bemüht um eine Erhöhung des Komforts und der Wohnlichkeit, auch zugunsten durchreisender Gäste. Denen muß man, das wird nun wichtig, auch zeigen, wie betucht der Besitzer ist. Daher erhält die Villa einen neuen Zug von Raffinesse und Manieriertheit, und ihre Fassaden sind von zahlreichen Schmuckformen in *pietra serena* übersät: Konsolen und Büsten, Sockeln und Kragsteinen, Giebeln und Architraven usw.

Die typische barocke
Fresken- und Stuckdekoration
der Villa Rospigliosi

Der mit modernen Skulpturen
bestückte romantische Waldpark
der Villa von Celle

Im 17. Jahrhundert verstärkt sich mit dem Aufstieg des Hofadels diese Tendenz noch. Das Leben in der Villa erhält nun seinen Rhythmus durch die Verpflichtungen von Amt und Gesellschaft, und die Räumlichkeiten für geselliges Beisammensein vervielfachen sich. Ball- und Bankettsäle kommen hinzu, der Hof wird später mit einem Glasdach versehen, um so einen angenehm durchsonnten Salon zu gewinnen, und die Treppen erreichen wahrlich monumentale Maße, um der illustren Gäste würdig zu sein. Es gehört inzwischen zum guten Ton, ohne falsche Scham seinen Reichtum zu zeigen. Daraus ergibt sich ein wahrer Ausbruch des Luxus im Inneren der Villen in Form von Statuen, Wandbehängen, Kunstwerken und Stuckarbeiten jeder Art. Die Fresken nehmen die Form von Architekturmalerei an, bei der vorgetäuschte Säulen, Pilaster und Gesimse ins Leere ragen, um illusionistische Perspektiven und Bühneneffekte zu erzeugen. Innen wie außen erlebt man den Triumph des Barock mit seinen Giebeln und Pilastern, Nischen und Balustraden, Balkonen und Kartuschen... An den Fassaden entwickelt sich das Spiel von Farbkontrasten zwischen dem weißen Verputz und dem Grau der *pietra serena*, dem im Garten das Wechselspiel der verschiedenen Farben, Formen und Materialien entspricht.

Garten und Boskett

Seit dem 13. Jahrhundert ist die *casa da signore* versehen mit einem kleinen, abgeschlossenen Garten, der dem Hausherrn zur Erholung von den Tagesgeschäften dient. Doch dieser mittelalterliche Garten wird auch praktisch genutzt, denn man pflanzt dort Kirsch-, Pfirsich-, Aprikosen-, Birnen-, Pflaumen-, Mispel-, Granatapfel-, Feigen-, Mandel-, Orangen- und Zitronenbäume und baut auch Gemüse an. Mit Anbruch des Humanismus sehen Theoretiker und Poeten den Garten wieder als Ebenbild des Paradiesesgartens, des Gartens Eden der Schöpfungsgeschichte, in dem die ersten Menschen lebten. Der Garten wird nun, ohne daß man gleich auf seine Nutzbarkeit verzichtet, zusehends wegen seiner Schönheit geschätzt. 1350 preist Boccaccio in seinem *Decamerone* die Wunder des *giardino segreto*, also Geheim- oder Sonder- oder einfach Privatgartens. Dieser geht auf antike Vorbilder zurück, und für die altrömische Villa war er nun einmal ein unverzichtbarer Bestandteil. Typisch für diesen neben einem Obst- und Gemüsegarten angelegten Erholungs- oder Lustgarten ist seine ausgeprägte Schlichtheit: ein Rasenstück mit ein paar Wegen und Blumenrabatten, am Rande bestückt mit großen Tontöpfen, in denen Orangen- und Zitronenbäume stehen; ein kleiner statuettenbekrönter Stein- oder Marmorbrunnen und ein Kräutergärtlein mit Heilpflanzen und Gewürzen wie Rosmarin, Myrthe, Lorbeer und Wacholder; gelegentlich kommt eine kleine Wein- oder Rosenpergola hinzu und ein Wasserbecken mit Fischen darin.

Im 15. Jahrhundert entdeckt man auch die *ars topiaria* wieder, also die Kunst, Pflanzen so zu beschneiden, daß sie zu Skulpturen werden. Zypressen, immergrüne Eichen, Taxus- und Buchsbäume werden auf Parterren angeordnet, auf denen sich auch einige wenige Blumen und Obstbäume finden, die sich in Beeten um einen Brunnen gruppieren. 1499 schildert Francesco Colonna, angeregt von Plinius' Beschreibung seines Gartens in Tusculum, im *Traum des Poliphilus* oder der *Hypnerotomachia Poliphili*, einem geheimnisvoll-esoterischen Buch, die paradiesische Insel Kythera, wo Poliphilus und seine Angebetete im Traum vor Venus gebracht werden. In diese phantasievolle Darstellung geht das Idealbild vom Garten Eden ein. Der Text wird vom vielen detailreichen Holzschnitten begleitet, die auf den Garten des 16. Jahrhunderts einen starken Einfluß ausüben.

In dieser Epoche erobert die Kunst des Stutzens alle Gärten, und es entstehen Alleen mit unvergeßlichen Perspektiven, Hecken und Labyrinthe, Aussichtspunkte, Theater und Parterres mit geometrischen oder Tierformen. Die Natur wird gestaltet, ihrer Freiheit werden Zügel angelegt, und nichts mehr bleibt dem Zufall überlassen. Zu den pflanzlichen Elementen und denen von Wasserflächen und Wasserläufen kommen nun ergänzend mineralische Gestaltungselemente: künstliche Grotten aus Bims- oder Tuffstein mit Dekorationen und Mosaiken aus Muscheln, falsche bemooste Felsen, mythologische Statuen, antike Büsten und

Kolonnaden, Pflasterungen aus Kieselsteinmosaik sowie ständig stärker ausgeschmückte Brunnen, Kaskaden und Wasserspiele. Wir erleben die Herrschaft der „künstlichen Natur". Der Garten muß sich nun wie die Bauten der Villa selbst geometrischen Prinzipien unterordnen, die einfache Formen nutzen wie das Quadrat, das Rechteck, den Kreis und den Halbkreis. Er wird unterteilt in verschiedene Bereiche, unabhängig voneinander und zweckmäßig angelegt und unter Bezug auf eine Hauptachse symmetrisch angeordnet. Diese Achse ihrerseits ist wieder unterteilt durch gerade, senkrecht stehende Queralleen. Diese Linien gliedern den Garten wie die Motive aus *pietra serena* die Fassade der Villa. Abfallendes Gelände wird in Terrassen angelegt, die von hohen Stützmauern begrenzt werden. Diese Abstufung erlaubt die Anlage monumentaler Treppen, besonders solcher mit symmetrischem Doppellauf, wie in den beiden in der Nähe Luccas gelegenen Villen Torrigiani und Garzoni. Diese Gartenart wird als „hängender Garten" bezeichnet; er öffnet sich auf die davor liegende Landschaft, die ihm sozusagen als Hintergrund dient. Man kann also einen prächtigen Blick auf den Garten und die Hügellandschaft von der Loggia aus genießen, die sich in der Außenmauer der Villa öffnet. Hinter dem Garten erstreckt sich dann ein natürlich wirkendes Wäldchen, ein Boskett, das Schatten spendet und einen Kontrast zum regelmäßigen Garten bildet. Dieses Wäldchen als Abbild des „heiligen Hains" der Antike, der den Wohnsitz der Götter symbolisierte und den man sich als von Nymphen und Satyrn bevölkert dachte, wird gebildet von Libanonzedern, Pinien, Tannen, Eichen, Ulmen und Platanen, durch deren dichten Bestand einige wenige nach Lust und Laune seines Schöpfers angelegte Wege führen.

Die große Freitreppe der Villa Torrigiani mit ihren symmetrischen doppelten Läufen

Vom Beginn des 19. Jahrhunderts an sind es die Engländer, die den toskanischen Garten verändern. Weit entfernt von den humanistischen Idealen der Renaissance und eben erst in Italien ansässig geworden, übertragen sie die Gartenbauvorstellungen Großbritanniens eiligst hierher. Sie ersetzen den Italienischen Garten mit seinem intimen Charme durch kurz geschorene weite Rasenflächen, phantasievoll gekurvte Alleen und überall verstreute Baumgruppen. Zu diesen Neuerungen kommen, wie etwa in der Villa von Celle, künstliche Seen mit einer felsigen ode bewaldeten kleinen Insel in der Mitte, zierliche Brücken über die Wasserläufe, neogotische Kapellen und neoklassische Säulen und Urnen. Alles in allem entsteht so eine romantische Landschaft ohne Rücksicht auf Symmetrie oder Perspektive und in völligem Gegensatz zu den Prinzipien des Italienischen Gartens. Es muß gesagt werden, daß merkwürdigerweise auch manche Italiener sich von dieser Mode des englischen Parks anstecken lassen und ihren Garten ohne Federlesen in diesem Stil umwandeln. Von den Engländern werden auch neue Gewächse eingeführt wie die Kamelie, die Azalee, der Rhododendron, die Glyzinie und die Banks-Rose, wobei die beiden letzteren vor allem für Pergolen Verwendung finden.

Zu Beginn unseres Jahrhunderts sind es dann aber auch wieder die Engländer, die sich als erste um die Rückkehr zum architektonischen Garten bemühen. Landschaftsgärtner wie Cecil Pinsent und Geoffrey Scott (mit der Villa I Tatti) und Besitzer wie Arthur Acton (in seiner Villa La Pietra) legen in der Toskana wieder Italienische Gärten an. Ihnen folgen dann bald auch Italiener wie Martino und Pietro Porcinai, die die Gärten der Villen Gamberaia, Il Roseto und L' Apparita neu gestalten.

Im Gegensatz zu venezianischen und römischen Gärten bleiben die Abmessungen des toskanischen Gartens stets eher bescheiden und passen sich dem Geländeverlauf an. Oft sind es bewußte perspektivische Täuschungen, die einen Eindruck von Weite vermitteln. Typisch für den toskanischen Garten ist außerdem das Überwiegen von Pflanzen und Wasser gegenüber mineralischen Elementen. Ihn zeichnet die Harmonie zwischen der von Menschenhand geschaffenen „künstlichen Natur" des gestalteten Gartens und der „natürlichen Natur" des gewachsenen Waldes aus. Dabei bewahren selbst die großen Gärten wie etwa jener von Pratolino einen gewissen intimen Charakter. Von Mauern umgeben, bleiben sie abgeschlossen und markieren die Grenze zwischen dem Bereich der Villa und der umgebenden Landschaft.

Entdeckungsreise zu den Villen

Im Umkreis von Florenz

Villen der Medici

Nur ein Teil der mediceischen Villen kann hier in Auswahl vorgestellt werden. Errichtet wurden sie von verschiedenen Architekten für verschiedene Auftraggeber, und ihre Erbauungszeit liegt zwischen 1451 und 1591. Die ersten Medicivillen, jene von Il Trebbio und Cafaggiolo, sind um die Mitte des 15. Jahrhunderts entstanden und liegen inmitten ausgedehnter, landwirtschaftlich genutzter Ländereien im Mugello, aus dem die Medici ursprünglich stammen sollen. Nachdem Cosimo der Alte 1429 in Florenz an die Macht gekommen war, ließ er als sichere Zuflucht Careggi nahe der Stadt erbauen. Ende des 15. Jahrhunderts erwarben die Medici, die sich ihrer Herrschaft inzwischen sicherer waren, etwas weiter entfernt gelegene Besitzungen in Poggio a Caiano und Castello. 1494 jedoch wurden sie vom Heer des französischen Königs Karl VIII. vertrieben und gelangten erst 1530 mit Hilfe päpstlicher und kaiserlicher Truppen erneut zur Herrschaft. Cosimo I. gründet sodann das Großherzogtum Toskana und erweitert den Familienbesitz durch Erwerb der Villen von La Petraia und Poggio Imperiale. Auf dem Höhepunkt mediceischen Glanzes tut Francesco I. es seinem Vater nach und läßt die Villa in Pratolino errichten. Im 16. Jahrhundert konnten also die Medici ihren ganzen Hof je nach Wetter oder Jahreszeit oder Jagdsaison von einem dieser Landsitze an einen anderen verlegen.

Im Jahre 1598 beauftragte Ferdinand I. den flämischen Maler Justus (Giusto) Utens, damals in Carrara ansässig, mit einer Serie halbkreisförmiger Bilder, sogenannter Lünetten, die sämtliche Mediceervillen zeigen und zur Ausschmückung des großen Salons in der Villa von Artimino dienen sollten. 1969 wurden sie dann mit dem gesamten Mobiliar dieser Villa verkauft. Von den insgesamt siebzehn Ge-

mälden, die seinerzeit entstanden, blieben vierzehn erhalten, und man kann sie im stadtgeschichtlichen Museum von Florenz, „Firenze com'era", bewundern. Sie sind sehr gut erhalten und, von einigen wenigen Irrtümern abgesehen, sehr getreu und genau in den Details und für uns heute eine unersetzliche Quelle, die uns den Originalzustand bewahrt hat. Im Bestreben, einen Gesamteindruck der ganzen Besitzung mit Gärten und Bosketts, Nebengebäuden und Zufahrtswegen zu geben, hat sich Utens allerdings zur idealisierten Darstellung aus der Vogelschau entschlossen, was natürlich zu gewissen Verzerrungen und vor allem zur völligen Verfälschung der Perspektive führt.

Dieser Bildkatalog der mediceischen Besitzungen rund um Florenz verherrlicht zugleich die unumschränkte Machtstellung und die großen Unternehmungen der Medici. Doch Artimino, die 1594 von Buontalenti für Ferdinand I. errrichtete Villa, die zu dessen Lieblingsaufenthalt wurde, sollte die letzte bedeutende Bauunternehmung der Medici werden. Von 1650 an ist ihre Herrschaft im Niedergang begriffen, und 1737 stirbt Gian Gastone ohne Erben, womit das Großherzogtum Toskana an Franz Stefan von Lothringen fällt, den Gemahl der nachmaligen Kaiserin Maria Theresia. Seine Nachkommen aus dem Hause Habsburg-Lothringen, wie Peter Leopold oder Ferdinand III., und von 1665 an der italienische König Viktor Emanuel II. bauen dann die Mediceervillen um, soweit sie sie nicht ganz aufgeben. Nach einer Reihe von mehr oder weniger glücklichen Besitzwechseln sind die meisten von ihnen nun Eigentum des Staates, der für ihren Unterhalt in gutem Zustand sorgt und sie öffentlich zugänglich machte.

Eine der 1598 von Giusto Utens gemalten Lünetten aus dem Stadtgeschichtlichen Museum in Florenz: die Villa in Poggio a Caiano

Il Trebbio

Die Villa Il Trebbio liegt nicht weit von San Piero a Sieve nördlich von Florenz. Ein zypressengesäumtes Schottersträßchen windet sich den Hügel hinauf und führt uns direkt vor den wehrhaft wirkenden Bau, der sich hinter dichten Baumreihen versteckt.

Cosimo der Alte, der aus dieser Gegend stammte, entschloß sich 1451, diese Burg aus dem 14. Jahrhundert in einen wohnlichen Landsitz zu verwandeln, wo man auch der Jagd frönen konnte. Michelozzo Michelozzi, der zur gleichen Zeit auch schon mit der Villa von Cafaggiolo beschäftigt war, behielt den quadratischen Grundriß der Anlage ebenso bei wie den Innenhof und den Wachturm. Den vorspringenden Wehrgang, der sich um den ganzen Bau zieht, ließ er eindecken und außerdem zusätzliche Öffnungen in die Mauern brechen.

Gleich links vom Eingang kommt man an einem schönen, rosengeschmückten Terrassen-Parterre in italienischem Stil vorbei, das über die Jahrhunderte hinweg erhalten blieb. Hier standen die Käfige, in denen Cosimo der Alte seine Jagdfalken aufzog. Die Umfassungsmauer zur Linken der Villa stammt neueren Forschungen zufolge noch aus dem 12. Jahrhundert.

Durch das große Rundbogentor mit dem Mediciwappen darüber ritt man früher in den Innenhof ein. Die gewölbte Halle auf dessen linker Seite war einst der Pferdestall — heute sind ihre großen Bogenöffnungen verglast, und sie dient als Eingangshalle. Diese ziert unter anderem ein großes, hälftig geteiltes Doppelwappen an einer

Links
Il Trebbio mit seinem wehrhaften Turm und davor der reizenden alten Pergola

Oben
Lünette von Giusto Utens, gemalt 1598 und jetzt im Stadtgeschichtlichen Museum von Florenz, mit der Darstellung Il Trebbios. Die Villa war Zentrale eines ausgedehnten, landwirtschaftlich genutzten Besitzes; einige der insgesamt achtundzwanzig zugehörigen Gutshöfe sind im Vordergrund entlang des nach San Piero a Sieve führenden Weges wiedergegeben, und auch die von Michelozzo errichtete kleine Kapelle, die erhalten blieb, ist gut zu erkennen.

In den ältesten Gärten der Toskana
finden sich solche Pergolen,
die vor der Sommerhitze Schutz
bieten und zu Spaziergängen und
Gesprächen einladen.

Schmalseite, das mit den Wappen der Medici und der Sforza an die kurze Ehe zwischen Giovanni de' Medici, genannt Il Popolano (Mann des Volkes) mit Caterina Sforza erinnert; geschlossen 1497, dauerte sie durch Giovannis Tod nur ein Jahr. Diese furchtlose Frau, die ihre beiden vorherigen Ehemänner hatte ermorden lassen, verbrachte ihre Sommer gerne in Trebbio, zusammen mit ihrem Sohn Giovanni delle Bande Nere—sofern sie nicht gerade damit beschäftigt war, ihre Stadt Forlì gegen den Borgiapapst Alexander VII. zu verteidigen oder sich in Gefangenschaft befand. Nach ihrem Tode wohnte dann die Gattin Giovannis delle Bande Nere, der sie verlassen hatte, nachdem er ein bekannter Condottiere geworden war, in Trebbio — zusammen mit ihrem Sohn, dem späteren Cosimo I. Diesen erreichte hier auch die Nachricht von der Ermordung des Herzogs Alexander, und als Achtzehnjähriger eilte er daraufhin 1537 nach Florenz, um die Macht an sich zu reißen.

Vom Hof aus führt eine gerade, von einem Dach geschützte Treppe in den ersten Stock. Die Wohnräume dort haben ihre schönen Felderdecken bewahrt, die aufgrund der Originale des 16. Jahrhunderts vollständig restauriert wurden. Über eine weitere Treppe gelangt man dann auf die Höhe des Turms, von wo aus man einen herrlichen Rundblick genießen kann. Die etwa 500 m hoch gelegene Villa beherrscht das Tal des Mugello und die umliegenden bewaldeten Hügel, einst das ausgedehnte Jagdgebiet der Medici.

Beim Verlassen der Villa erreicht man auf einem Weg, welcher links an der Fassade entlang führt, eine zypressengesäumte Rasenfläche, die vor der hohen Umfassungsmauer terrassenartig die Hügel ringsum überragt. Von dort aus gelangt man über ein paar Stufen zu einer langgestreckten entzückenden Pergola, auf Backsteinsäulen ruhend und von Wein überwachsen. Man kann sich vorstellen, daß hier die leidenschaftlichen Diskussionen der unter dem Schutze Cosimos des Alten stehenden neuplatonischen Akademie stattfanden. Wiederum etwas tiefer liegt dann der Gemüsegarten, beschattet von Feigen- und Birnbäumen.

1645 wurde unter Ferdinand II. der gesamte Besitz verkauft und gelangte über verschiedene Zwischeneigentümer schließlich an die Oratorianerpatres von Florenz, in deren Händen er bis 1864 verblieb. In diesem Jahr erwarb ihn bei einer Versteigerung Fürst Marcantonio Borghese. Die vom Verfall bedrohte Villa wurde dann von 1936 an von ihrem neuen Besitzer Dr. Scaretti umfassend restauriert und gehört heute dessen Erben, die sich vorbildlich um ihre Erhaltung bemühen.

Der besondere Reiz von Il Trebbio liegt in dessen außergewöhnlicher Atmosphäre, die der Tatsache zu verdanken ist, daß der Gesamteindruck des 15. Jahrhunderts so gut wie unverändert erhalten blieb. Wenn man auf dem Turm steht, fühlt man sich leicht selbst als Wächter, der nach heranrückenden Feinden Ausschau hält, und man hängt gerne dem Gedanken nach, der Herr eines solchen Anwesens zu sein, das Behaglichkeit, Ruhe und Sicherheit hinter seinen Burgmauern zu vereinen weiß.

Oben
Der Innenhof mit seinem intimen Charme,
der wie bei den meisten Villen aus dem
15. Jahrhundert geschmückt ist mit einem
Brunnen in seiner Mitte und mit Tongefäßen
voller Blumen in leuchtenden Farben

Rechts
Das schlicht eingerichtete Vestibül
mit zahlreichen alten Darstellungen
der Villa Il Trebbio

Cafaggiolo

Die Villa von Cafaggiolo erhebt sich unweit jener von Il Trebbio am Eingang des Mugellotales, eng umgeben von bewaldeten Hügeln; der befestigte Landsitz spiegelt in seiner Wehrhaftigkeit mit seinen von der Patina der Jahrhunderte überzogenen Mauern vergangenen Glanz wider.

Das alte Kastell im Herkunftsgebiet der Medici, errichtet im 14. Jahrhundert, wurde auf Weisung Cosimos des Alten von Michelozzo Michelozzi 1451 weitgehend umgebaut. Ursprünglich waren die Gebäude, überragt von einem Bergfried und einem Wachturm (wie man das auf der Wiedergabe von Giusto Utens sehen kann), auf quadratischem Grundriß um einen größeren und zwei kleinere Höfe angeordnet. Um die gesamte Außenfront lief ein vorkragender zinnenbekrönter Wehrgang. Zur Umgestaltung in einen wohnlichen Sommersitz zog Michelozzi zunächst einmal Dächer über die Türme und den Wehrgang und verbreiterte dessen schmale Schießscharten zu Fenstern, die Ausblick auf die reizvolle Landschaft ringsum boten.

Rasch verlor die nunmehrige Villa ihre ehemalige militärische Bedeutung und übernahm eine neue Funktion: als Sommerresidenz der Medici und ihrer Verwandten war sie zugleich Mittelpunkt einer umfassenden landwirtschaflichen und industriellen Nutzung, ganz besonders eng verknüpft mit der blühenden Majolikafabrikation im nahen Ort Cafaggiolo. Rings um die Villa lagen Weinberge, Felder und Obstgärten, die sich jenseits der heutigen Straße bis zu den

Der abweisende Charakter
der rechten Außenfront, bei
welcher die alte Aufgabe als
Befestigung unterstrichen wird durch
den vorkragenden Wehrgang mit seinen
Pechnasen, wurde gemildert durch das
Aufsetzen eines Daches und das Einbrechen
großer Fenster im Erdgeschoß.

Ufern des Sieve erstreckten. Beim Tode Cosimos I. gehörten zum Besitz dreißig Gutshöfe, neun Bauernhäuser, zahlreiche Katen, eine Mühle, drei Brennöfen und neun Hektar Wald.

Als Erholungsort war Cafaggiolo von den Medici besonders geschätzt wegen seiner ausgedehnten Kiefern- und Tannenwälder gleich hinter der Villa. Cosimo I. hatte hier ein Schutzgebiet für Wild eingerichtet und hielt gewaltige Treibjagden ab. Sein Nachfolger Francesco I. tat es ihm nach, begleitet von seiner jungen venezianischen Geliebten Bianca Cappello, und ebenso Ferdinand I. und die Familie Habsburg-Lothringen, die den Besitz erbte. Im 15. Jahrhundert führte man in Cafaggiolo jenes gesunde Landleben, das die Humanisten so sehr priesen. Der Verwalter, der regelmäßig Berichte an Piero il Gottoso („den Gichtigen") über das Verhalten von dessen Söhnen schicken mußte, schreibt dazu: „Gestern sind wir zum Fischen gegangen; sie haben eine ausreichende Menge für ihre Mahlzeit gefangen und sind zu guter Zeit nach Hause zurückgekehrt...Lorenzo und Giuliano sind mit Madonna Contessina [Pieros Mutter] in Begleitung von Dienern zu den Mönchen im Wald gegangen und haben dort eine feierliche Messe gehört." Die beiden Knaben, die später bedeutende Förderer der florentinischen Kultur werden sollten, wurden hier von Poliziano erzogen und waren oft Zeugen der Rededuelle, die er sich mit seinen Freunden Pico della Mirandola und Marsilio Ficino lieferte. Es ist bekannt, daß diese intellektuelle Atmosphäre ihren Einfluß auf die pastoralen Dichtungen Lorenzos des Prächtigen nicht verfehlte.

Noch heute finden sich an der linken Seite der Villa einige der alten Wirtschaftsgebäude (Ställe, Getreidespeicher, Unterkünfte für Dienstpersonal), die entscheidend für die damalige Funktion auch als Verwaltungssitz einer großen Domäne waren.

Aber das Leben in Cafaggiolo konnte in den bewegten Zeiten der Republik Florenz auch sehr viel weniger beschaulich sein: seine dicken Mauern boten zum Beispiel dem berühmten Lorenzino (dem Titelhelden von de Mussets Stück *Lorenzaccio*) Schutz, nachdem er 1537 seinen damals in Florenz herrschenden Vetter Alexander ermordet hatte. 1576 zog sich Eleonora di Toledo, von ihrem Gatten Pietro verstoßen, hierher zurück und suchte Trost bei Liebhabern, ehe sie hier von ihrem Gatten brutal ermordet wurde.

Das Leben wird wieder heiter und entspannt, als Ferdinand I. hier meist den Herbst verbringt: „Diesen Sonntag ging man in Trebbio zur Jagd, und nach dem Mittagessen gewährte man den Fremden (Gesandten, Kardinälen, Prinzen) eine Audienz. Schließlich luden Seine Hoheit, um Madame und die jungen Hoheiten zu ergötzen, alle jungen Mädchen aus der Umgegend von Cafaggiolo ein und ließ einen Ball im Freien ausrichten…" Das mondäne Leben im Rhythmus seiner Feste hatte nun also auch in Cafaggiolo seinen Einzug gehalten.

1864 wurde gemeinsam mit Il Trebbio auch die Villa von Cafaggiolo vom italienischen Staat an den Fürsten Marcantonio Borghese veräußert, der sich entschloß, den kriegerischen Charakter des Besitzes abzumildern. Er ließ den Bergfried und die hohen Umfassungsmauern einlegen und ebenso die beiden Barbakanen zu Seiten des Eingangsturmes, womit ein einziger großer Innenhof entstand. Die Gräben wurden aufgefüllt, die Zugbrücke verschwand. Das vordem hoch am Turm angebrachte Wappen der Medici wurde neu unmittelbar über dem Eingangstor eingesetzt, und an seine bisherige Stelle trat dem neuen Zeitgeschmack gemäß eine große Uhr. Im Inneren wurden die bisher weiß getünchten Hängebogengewölbe 1887 von Leto Chini im modischen neugotischen Stil ausgemalt. Eine Folge bunter Wappen lockert seit damals die etwas mönchische Atmosphäre auf, ohne daß dabei die ehemalige Schlichtheit völlig aufgegeben wurde. Heute ist Cafaggiolo im Besitz einer privaten Gesellschaft, die um die Erhaltung bemüht ist, so gut es eben geht.

Als Zeugnis der bewegten Zeiten, in denen der Aufstieg der Medici begann, fasziniert Cafaggiolo auch heute noch durch sein strenges und militärisches Erscheinungsbild, das mehr als bei jeder anderen Medicivilla an ein mittelalterliches Kastell erinnert.

Oben
Trauerweide im baumbestandenen Park der Villa, importiert von den Engländern, die für diese romantische Baumart eine außerordentliche Schwäche hatten

Rechts
Hinter der Villa mußte das ehemalige raffinierte Parterre in italienischer Art aus dem 15. Jahrhundert im 19. dann Rasenflächen mit hohen Bäumen darauf weichen.

Careggi

Der ehemalige Weiler Careggi nordwestlich von Florenz auf
Sesto Fiorentino zu wird heute beherrscht vom Krankenhausgelände
der medizinischen Fakultät, das auch die einstige Mediceervilla umschließt. Durch das mächtige Eingangstor gelangt man in einen ausgedehnten, zum Teil erst im 19. Jahrhundert geschaffenen Park, und
von dort in den Hof an der Ostseite der Villa.

Als befestigtes Herrenhaus aus dem 14. Jahrhundert wurde sie
1417 (nach anderen Angaben 1427) von den Medici erworben, und
Cosimo der Alte ließ sie von 1457 an durch seinen Lieblingsarchitek-
ten Michelozzo Michelozzi umgestalten und erweitern. Diesem gelang trotz des unregelmäßigen Grundrisses die Schaffung eines geschlossenen Baukörpers, dessen drei Fassaden im Osten, Süden und
Westen in harmonischem Gleichgewicht standen. Durch spätere An-
bauten ging dieses verloren: gegen Ende des 15. Jahrhunderts hat, so
scheint es, Sangallo der Westfassade die beiden niedrigeren Seitenflügel angefügt, während im 19. Jahrhundert dann Francis Joseph
Sloane, ein englischer Aristokrat, als neuer Besitzer des Anwesens
im Norden einen trapezförmigen Anbau hinzufügte. Seither behielt
die Villa diesen unregelmäßigen und ungewöhnlichen Grundriß bei.
Im Inneren indessen sind die streng rechtwinkligen Räume klar um
einen unregelmäßigen Hof gruppiert.

Ein Blick aus dem ersten Stock in den
Innnenhof mit seinem gedämpften Licht

Links
Wenn er auch diese Aufgabe hatte, scheut
man sich doch fast, diesen so herrlich
ausgeschmückten Raum im Untergeschoß,
in farbiger Pracht erstrahlend
vom Boden bis zur Decke, als
„Trinkstube" zu bezeichnen.

Rechts
Detail der Deckendekoration

Die Krümmung der Ostfassade, nach Süden verlängert durch eine efeubewachsene Umfassungsmauer, geht darauf zurück, daß hier im 15. Jahrhundert die Straße am Gebäude vorbeiführte. Durch ein kleines Tor gelangt man in den ganz schlichten Hof, dessen schlanke, von fein ziselierten korinthischen Kapitellen bekrönte Säulen wesentlich zur stillen Harmonie dieses Ortes beitragen.

Angesichts der heiteren Ruhe, die hier in Careggi herrscht, verstehen wir, warum gerade diese Villa zum bevorzugten Aufenthaltsort der Medici wurde. Cosimo der Alte machte sie zum Sitz der neuplatonischen Akademie, da er ihre Atmosphäre für besonders förderlich für deren Forschungen hielt. Jeweils am 17. November kamen Marsilio Ficino, Pico della Mirandola und Poliziano, gelegentlich von Künstlern wie Michelozzo, Donatello, Michelangelo und Leon Battista Alberti begleitet, in ihren historischen Mauern zusammen, um feierlich des Geburtstages von Platon zu gedenken. An dieser ihrem Herzen teuren Stätte verbrachten Cosimo der Alte, sein Sohn Piero der Gichtige und sein Enkel Lorenzo der Prächtige glückliche Stunden, und hier fanden auch alle drei ihr Ende. Im Laufe der Jahrhunderte wurde die Villa leider vieler ihrer Schätze beraubt, so des Knaben mit dem Delphin von Verrocchio, der jetzt den Brunnen im Eingangshof des Palazzo Vecchio in Florenz ziert. Dennoch haben einige Räume Spuren ihres ehemaligen Glanzes bewahrt, so etwa das Untergeschoß, dessen Decke in Freskomalerei eine von Wein bedeckte Pergola darstellt, in der sich Vögel aller Art, fröhliche Putten und respektlose Satyrn tummeln. Erhalten blieb dort auch der prachtvolle Bodenbelag aus farbigem Mosaik, das Lilien zeigt. Dieses bezaubernde, Bacchus gewidmete Ensemble ist zweifellos nach 1529 entstanden, da damals die Villa von der republikanischen Partei der Arrabiati (der Zornigen) bei einem Aufstand gegen die Medici angezündet wurde und umfassender Renovierungsmaßnahmen bedurfte.

Im Hof gelangt man nach der großen Treppe rechts in den Salon, heute von der Krankenhausverwaltung genutzt, in dem schöne Deckenfresken erhalten blieben. Auf Weisung Cosimos des Alten haben hier die berühmten Maler Pontormo und Bronzino die Lünetten mit bukolischen Szenen und Veduten ausgeschmückt (Landschaften, Mediceervillen, Gärten, mythologische Szenen usw.).

Wenn man aus der Villa kommt, wende man sich nach links zum Vorplatz, um dann zu den Gewächshäusern mit ihren Zinnenmauern zu gelangen, die einen kleinen Garten mit Buchs- und Blumenparterren sowie Mandel- und Zitronenbäumen umschließen. Vorbei am Wasserbecken an der Westseite der Villa geht man dann an den beiden gegenüberliegenden Flügeln entlang, von Glyzinien bedeckt und begleitet von eingetopften Palmen, deren große verglaste Bogenöffnungen im 19. Jahrhundert ausgebrochen wurden, um einen besseren Blick in den Garten zu gewinnen. Oben auf dem rechten Flügel erhebt sich Sangallos reizende Säulenloggia.

Etwas weiter gelangt man dann auf der Südseite der Villa in den im 19. Jahrhundert völlig neu angelegten Hauptgarten, der jedoch sehr gut mit Michelozzos Fassade harmoniert. Entlang seiner mit

Oben
Ausschnitt aus einem Fresko des englischen Malers Georges Frederick Watts, im 19. Jahrhundert in einem der Räume an der Südfront ausgeführt: 1492 wird der unglückliche Arzt Lorenzos des Prächtigen, dem es nicht gelungen war, das Leben seines Herrn zu retten, von dessen Freunden in einen Brunnen gestürzt.

Detail vom Bodenbelag der „Trinkstube"

Vor dem Gewächshaus für die Zitronenbäume
mit seinen hohen verglasten Öffnungen
erhebt sich ein mächtiger Feigenbaum, der
seinen Schatten auf das reizende, mit
Seerosen gefüllte Rundbecken wirft.

Der Hauptgarten im Süden ist in große Rasenflächen unterteilt.
Auf diese hat der Landschaftsarchitekt im freien
Spiel seiner Phantasie neben Palmen Bäume aller Art
gesetzt, darunter Kiefern, Eichen, Feigenbäume und Zypressen.

Die luftige Loggia Sangallos
an der Südwestecke, auf drei
Seiten offen

Kieselmosaik geschmückten Hauptallee kommt man an einer Reihe
von Blumenparterren vorbei, die mit eingetopften Zitronenbäumen
garniert sind. Zwischen den Statuen zweier drolliger Zwerge hindurch, von denen einer auf einer Schnecke, der andere auf einer Eule
reitet, führt der Weg sodann in einen baumbestandenen Englischen
Garten. In seiner Mitte befindet sich ein kreisrundes Becken mit Seerosen, umstanden von Efeulauben mit Bänken darin, die zum Ausru-
hen einladen. Im Hintergrund bildet ein Gittertor den Durchgang
zwischen Garten und Park.

   Trotz der Uneinheitlichkeit des Ganzen bewahrt die Villa von
Careggi den besonderen Charme einer alten Handschrift, bei der ein
noch älterer Urtext überschrieben wurde. Sie verbindet das Bild der
gedrungenen, niedrigen mittelalterlichen Bauten mit der für die Renaissance typischen Öffnung nach draußen, im 19. Jahrhundert noch
verstärkt durch den Park in englischem Stil. Andererseits ist die
Loggia von Sangallo das erste Musterbeispiel dieser Art, das dann bei
fast allen Villen des 16. Jahrhunderts kopiert wird.

Links
Die prächtige Kassettendecke
der Loggia, gegen Ende des 16. Jahrhunderts
mit Grotesken geschmückt

Poggio a Caiano

Die Villa von Poggio a Caiano erhebt sich im gleichnamigen Ort westlich von Florenz bei Campi auf einem Hügel (italienisch eben *poggio*), der das Tal des Ombrone beherrscht. Das Eingangsportal öffnet sich auf die Hauptallee, die von Rasenflächen begleitet wird, in die man im 19. Jahrhundert Libanonzedern pflanzte, und die einen freien Blick auf die prächtige Fassade erlaubt.

Das ehemalige Kastell aus dem 14. Jahrhundert, das ursprünglich hier stand, gehörte zunächst den Cancellieri in Pistoia und wurde von den Strozzi im 15. Jahrhundert in einen Landsitz verwandelt; sie nannten ihn nach einer kleinen Insel im nahen Ombrone Ambra. Nach der Konfiskation erwarb 1480 Lorenzo der Prächtige den Besitz und beauftragte Giuliano da Sangallo mit seiner Neugestaltung. Dieser setzte den Palast mit seinen beiden gleichen und parallelen Flügeln, die durch einen Mittelbau verbunden sind, auf ein in Arkaden geöffnetes Untergeschoß, das eine breite Terrasse bildet. Von ihr aus hat man einen weiten Blick auf Florenz, Prato, Pistoia und die sie umgebende Hügellandschaft.

Die Fassade mit ihren harmonischen Proportionen wird gegliedert durch die reinen Linien der Rahmungen aus *pietra serena*, die roten Backsteinarkaden und den eleganten Giebel der in die Wand einbezogenen Loggia mit ihren ionischen Säulen. Diese von Papst Leo X., dem Sohn Lorenzos des Prächtigen, in Auftrag gegebene Loggia unter griechischem Einfluß tritt als kühne Neuerung an die Stelle des ehemaligen Bossenquaderportals. Im 18. Jahrhundert setzte man als Erhöhung in die Mitte der Fassade den graziösen Uhrturm, der den vom dreieckigen Loggiagiebel begonnenen Aufwärts-

Noch heute umschließt den Park um die Villa die alte Mauer.

Unten links
Blick durch die Bäume des Parks auf die rechte Seite der Villa

Unten rechts
Die klassizistische Fassade der Gewächshäuser vom Garten aus

Unten links
Als man im 18. Jahrhundert die ehemals gerade Treppe durch
zwei gekurvte Läufe ersetzte, wurde zugleich die Terrassenfläche
in der Mitte erweitert durch das Vorsetzen einer
zusätzlichen Arkadenreihe.

Unten rechts
Ein Meisterwerk Giuliano da Sangallos ist die Loggia, deren Hauptgesims
geschmückt ist von einem glasierten Terrakottafries der Della Robbia, in
Vergrößerung zu sehen am Kopf der folgenden Seite.

schwung noch verstärkt. Außerdem ersetzte man die beiden gerade-
läufigen Treppen, die auf der Vedute von Utens noch gut zu erkennen sind und über die man zu Pferd die Terrasse erklimmen konnte,
durch zwei schwungvoll gekurvte Läufe.

Über sie gelangen wir zur Loggia, wo wir eine wundervolle Ma-
jolikadecke bewundern können. Von der Loggia aus kommt man in
eine Vorhalle, deren Wände mit Grisaillefresken des 19. Jahrhunderts
bedeckt sind, welche romantisch das Mäzenatentum Lorenzos des
Prächtigen beschwören: erst schmückt er gemeinsam mit der Nymphe Ambra die Büste Platons mit Blumen, dann begutachtet er das
Modell zur Villa, das ihm Giuliano de Sangallo überreicht.

Als nächstes kommt man in den Mittelbau mit dem großen
Saal, dessen prächtiges Tonnengewölbe eine vergoldete Kassettendecke trägt und dessen Mauern vollständig mit Fresken ausgemalt
sind. Zu beiden Seiten der sich gegenüberliegenden Türen stellen in
allegorischem Bezug auf die Leistungen der Medici vier große Szenen, begonnen 1521 von Andrea del Sarto, Pontormo und Franciabi-
gio und 1579 beendet von Alessandro Allori, bedeutende Ereignisse
der römischen Geschichte dar: die *Rückkehr Ciceros* erinnert an die
Rückkehr Cosimos des Alten nach Florenz; *Der Konsul Flaminius
spricht im Rat der Achäer* daran, daß Lorenzo der Prächtige in Cremo-
na die Pläne Venedigs zum Scheitern brachte; *Cäsar empfängt den
Tribut Ägyptens* ist eine Anspielung an die Gesandtschaft des ägypti-
schen Sultans an Lorenzo, und *Syphax von Numidien empfängt Scipio,
den Bezwinger Hasdrubals in Spanien* schließlich eine an die Reise
Lorenzos des Prächtigen an den Hof Ferdinands von Aragon in Neapel. Über den Türen finden sich die Wappen Papst Leos X. und Francescos I. de' Medici, der Auftraggeber für die Fresken, begleitet von
allegorischen Darstellungen. Auf der Lünette der linken Wand finden
wir ein für die Entstehungszeit ausgesprochen modern wirkendes
Hauptwerk Pontormos, das den Wachstums- und Erntegott Vertum-
nus und die von ihm umschwärmte Nymphe Pomona inmitten von
Landleuten zeigt, auf jener der rechten den Garten der Hesperiden
von Alloris Hand.

Aus diesem Salon gelangt man in den prunkvollen, in Goldgelb
gehaltenen Speisesaal, dessen Decke mit bronzefarbenen Blumen-,
Greifen- und Wappenmotiven auf weißem Grund geziert ist. Das
Mittelfresko, im 17. Jahrhundert geschaffen von Antonio Domenico
Gabbiani, zeigt die Stadt Florenz mit Jupiter und Cosimo dem Alten.

Im gleichen Stock kann man die im 19. Jahrhundert ausgestatte-
ten Zimmer König Viktor Emanuels II. und seiner zweiten Gattin, der
Gräfin Mirafiori, besichtigen. Eine kühne freitragende Treppe führt
hinunter in das Erdgeschoß, wo man das kleine Theater, den Billard-
saal und die Räume der Bianca Cappello sehen kann; in den letzteren

Der lichterfüllte Prunksalon, der im 16. Jahrhundert
auf Drängen von Papst Leo X. an die Stelle des früher üblichen
Innenhofes trat. An den Wänden sind historische Szenen und die
Gestalten von Tugenden in eine gemalte Scheinarchitektur gesetzt.

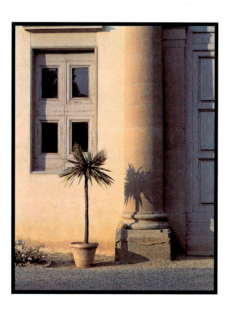

Links
Die großartige Majolikadekoration
des Tonnengewölbes der Loggia,
mit ihren Blumenmotiven
geschaffen durch die Della Robbia.
An der Abschlußwand im
Hintergrund erkennt man noch Spuren
der heute nur noch teilweise
erhaltenen Fresken Filippino Lippis.

Oben
Die lange Arkadenflucht
des Sockelgeschosses mit dem
warmen Rot der Backsteinpfeiler

Unten
Die klassische Ausgewogenheit
des toskanischen Stils zeigt sich
auch in vielen Details, im
gliedernden Einsatz senkrechter
Linien und im raffinierten
Spiel von Licht und Schatten.

Aus dem von einem Bruchsteinmäuerchen umschlossenen Mittelbassin
ragt ein künstliches Felseninselchen auf.

ein schöner Kamin von Bandinelli und aus der Schule Bronzinos stammende Porträts Biancas.

Man tritt nun durch die Arkaden des Untergeschosses hinaus, um sich rechter Hand der Villa in den Park nach englischer Art zu begeben. Von Nadelbäumen bestandene Rasenflächen, gesäumt von Blumenrabatten sowie Palmen und Zitronenbäumen in Töpfen sind hier an die Stelle des ehemaligen Italienischen Gartens getreten.

Aus dem Garten kommt man nach rechts in den Wald, der sich einst bis zum Arno erstreckte. Er besteht aus uralten Eichen, Zedern und Magnolienbäumen und war einst das bevorzugte Jagdgebiet Francescos I. und der feurigen Bianca. Sein urtümlicher Eindruck blieb weitgehend bewahrt, auch wenn ihn heute teils besonnte, teils schattige Alleen durchziehen. Wenn man ihn abenteuerlustig durchstreift, hat man vielleicht das Glück, eine kleine Bambusinsel zu entdecken oder einen verlassenen Tempel oder die Statuen des Flusses Ombrone und der in eine Insel verwandelten Waldnymphe Ambra, die er verfolgt. Lorenzo der Prächtige, der diese Villa mehr als jede andere schätzte, hat ihre Liebesgeschichte ebenso in Gedichten besungen wie Poliziano.

Poggio a Caiano diente aber vornehmlich berühmten Frauen zum Aufenthalt, gerade solchen, die durch Auflehnung bekannt wurden. Neben Bianca, die hier gerne großartige Feste ausrichtete, zählte dazu Cosimos III. Gattin Marguérite-Louise von Orléans, von der er sich 1673 wegen ihres skandalösen Lebenswandels trennte. Poggio a Caiano wurde auch gerne als Zwischenstation künftiger fürstlicher Gemahlinnen (Eleonore di Toledo, Johanna von Österreich, Christine von Lothringen) vor deren Einzug in Florenz zu einem ersten Zusammentreffen mit ihrem Bräutigam benutzt.

Mit seinen vielfältigen Erinnerungen an Szenen der Geschichte, die den Besucher zum Träumen veranlassen, ist Poggio a Caiano vor allem ein Musterbeispiel für eine von der altrömischen Villa inspirierte Anlage der Renaissance und die erste Mediceervilla, bei welcher trotz der Beibehaltung eines gewissen Verteidigungssystems das burgartige Erscheinungsbild verschwunden ist.

Von der ganz um die Villa verlaufenden Terrasse schweift der
Blick über den in englischem Stil angelegten Park.

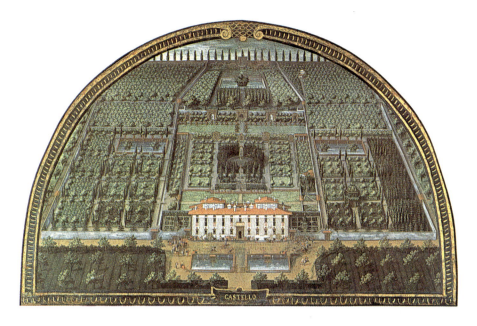

Castello

Die Villa von Castello liegt, nicht weit von Careggi, im heutigen Vorort von Florenz gleichen Namens. Als altes, um einen portikus-geschmückten Innenhof angelegtes Kastell des 13. Jahrhunderts wurde sie 1477 von den Medici erworben und zur Villa umgestaltet. Ein sehr geschätzter Aufenthaltsort, wurde sie 1527 von den Gegnern der Medici verwüstet, als sich diese im Exil befanden. 1538 beauftragte der neue Herzog Cosimo I., der nach seiner bewegten Machtergrei-fung und der siegreichen Schlacht von Montemurlo das ruhige Ca-stello als Erholungsort nutzen wollte, Niccolò Tribolo mit einer völli-gen Neugestaltung der Villa und ihres Gartens. Hier verbrachte er dann auch seine letzten Lebensjahre zusammen mit seiner zweiten Gemahlin Camilla Martelli. Nach seinem Tode 1574 blieb das Anwe-sen in Familienbesitz bis zur Mitte des 18. Jahrhunderts, um dann an das Haus Habsburg-Lothringen zu gelangen, unter dem es einige Umgestaltungen erlebte, insbesondere unter dem Großherzog Peter Leopold, der das Innere mit Fresken ausschmücken ließ. 1924 kam es dann in Staatsbesitz.

Die langgestreckte weiße Fassade mit ihrer strengen, schlichten Gliederung, die in der Mittagssonne über einer vertrockneten Rasen-fläche aufragt, scheint mögliche Besucher abschrecken zu wollen. Buontalentis schöner Haupteingang mit seiner Quaderumrahmung bleibt unerbittlich geschlossen, eine Besichtigung des Inneren ist nicht möglich. Aber man darf sich nicht einschüchtern lassen von diesem ersten Eindruck, sondern sollte durch den Eingang rechts vom Gebäude zur Hinterfront gehen. Von dort nämlich öffnet sich der überraschte Blick auf einen riesigen Garten im italienischen Stil.

Das Parterre in italienischem Stil vor der Nordfront der Villa
mit dem Herkulesbrunnen ist ein Meisterwerk Tribolos.
Im Vordergrund bezeichnet ein in den Boden eingefügtes
Mosaik die Stelle, wo früher der Venusbrunnen aufgestellt war.

Tribolo war ein vielseitig begabter Mann, der sich auf Gartenanlagen und Wasserspiele ebenso verstand wie auf die Bildhauerei. Er legte einen Raster über das Gelände entlang einer Hauptachse, die sich (wie die Darstellung von Utens zeigt) vom Arno im Süden zum Monte Morello im Norden zieht. Auf der Ost- und der Westseite des Gebäudes legte er je einen kleinen „geschlossenen Garten" mit Blumen und aromatischen Kräutern an, die beide heute verschwunden sind. Verschwunden sind auch die beiden ehemaligen Fischbecken der südlichen Esplanade und die lange, pergolaartige Allee aus Maulbeerbäumen, die in der Verlängerung der Achse zum Hauptportal bis zum Arno reichte.

Im Norden erstreckt sich der von einer Mauer umschlossene Hauptgarten mit seinen kunstvoll in geometrischen Formen angelegten buchsumrandeten Parterren, geziert mit Blumenschalen und eingetopften Zitronenbäumen. In seiner Mitte ragt die helle Silhouette des Brunnens mit achteckigem Becken auf, dessen plastischer Schmuck ebenfalls von Tribolo stammt. Den Brunnenschaft zieren unten acht Greifenklauen, weiter oben umklammern vier fröhliche Putten den Hals von Gänsen, aus deren Schnäbeln das Wasser in die erste Brunnenschale plätschert. Aus der zweiten hängen vier eher häßliche Bocksköpfe, und vier weitere Putten am oberen Teil der Brunnensäule scheinen etwas spöttisch den Garten zu betrachten. Die eindrucksvolle Gruppe des Herkules, der den Antäus bezwingt und die den Brunnen krönte, befindet sich in Restauration.

Die Hauptallee führt dann weiter in einen anderen Teil des Gartens, der zur Rechten von den Gewächshäusern für die Zitrusbäume und zur Linken von Lagergebäuden für Früchte begrenzt wird und in rechteckige Rasenstücke unterteilt ist, die gerahmt werden von eingetopften Zitronenbäumen. Am Anfang dieses Gartenteils erhob sich der berühmte Brunnen mit der Skulptur der auch „Fiorenza" genannten, ihr Haar auswindenden Venus (Venus Anadyomena), ein Werk Giambolognas, das im 18. Jahrhundert in die Medicivilla La Petraia verbracht wurde. Sie war einst umgeben von einem verwirrenden Labyrinth, „einem wahren, dichten Wald aus hohen Zypressen, Lorbeer- und Myrthenbäumen", in dem der Besucher herumirrte, ehe er ihr plötzlich gegenüberstand.

In der Umfassungsmauer, die den Garten umschließt, stößt man in der Achse vom Hauptportal her auf eine gut erhaltene Grotte. Im Halbdunkel erkennt man nach und nach ein eindrucksvolles, mit ganz aus Mosaik, Muscheln und Schwämmen gestalteten Grotesken geschmücktes Gewölbe, und dann drei Nischen mit einer ganzen Menagerie teils menschlich wirkender Tiere aus farbig gefaßtem Stein, die den Besucher eindringlich anzustarren scheinen.

Wenn dieser aus der Grotte in die helle Sonne tritt, verlangt es ihn nach dem Schatten der Mauer. Dort entdeckt er dann rechts eine Öffnung, die ihn über einige Stufen in den Wald entläßt. Nachdem er dort ein Weilchen durch das Gewirr der Bäume irrte, trifft er schließlich auf ein großes Becken, in dessen Mitte sich auf einem felsigen Inselchen die Bronzefigur eines bärtigen, zusammengekrümm-

ten alten Mannes findet, der den Apennin (nach anderen den Winter) darstellt. Mit seinen verschränkten Armen und dem halb erstaunten, halb zornigen Blick scheint er zu fragen: „Wie zum Teufel hast du denn hierhergefunden?"

Das Wasser für die verschiedenen Becken und Brunnen von Castello wurde über ein kompliziertes Kanalsystem herangeführt, das 1537 von dem Bewässerungsfachmann Piero da San Casciano entworfen und nach seinem Tod 1541 von Tribolo fertiggestellt worden war. Es kam vom Hügel von La Castellina und von der höhergelegenen Villa La Petraia und floß über einen Aquädukt, ehe es unter Nutzung des Geländegefälles im Garten verteilt wurde.

Bei aller scheinbaren Ungebundenheit und Zufälligkeit war der Weg des Besuchers genau geplant und entsprach einem von Cosimo I. entworfenen und von dem Schriftsteller Benedetto Varchi 1543 erweiterten Programm. Jedes dekorative Element hatte seine besondere Bedeutung unter Bezug auf die politische Herrschaft der Medici und ein neues Goldenes Zeitalter für Florenz unter der Regierung Cosimos I. Dieses Konzept wird besonders spürbar in der Grotte, wo das Einhorn als Symbol der Reinheit sein Horn, der Legende gemäß, in das vergiftete Wasser eines Flusses taucht und damit, dieses reinigend, alle anderen Tiere vor Schaden bewahrt. Das Einhorn ist die Versinnbildlichung Cosimos, der unter seinem Schutz die Florentiner in einem neuen irdischen Paradies vereinigt. Gleichen Symbolcharakter haben die beiden berühmten Gemälde Botticellis, die zu jener Zeit in die Villa verbracht wurden: *Der Triumph des Frühlings* (also ein neuer Frühling für Florenz) und *Die Geburt der Venus*, wobei die Göttin wiederum als Personifizierung für das neugeborene Florenz steht.

Tribolo fand jedoch angesichts all der anderen Aufgaben, die der Herzog für ihn hatte, nicht mehr die Zeit zur Vollendung seines großartigen Projekts. Nach ihm arbeitete mit einigen Veränderungen von 1550 bis 1574 Giorgio Vasari daran, der in seinem berühmten Werk über die Künstler seiner Zeit eine umfassende Schilderung der Villa liefert, und 1592 dann schließlich Buontalenti.

Oben

Die heute verlassene und nicht zugängliche ehemalige Villa
der Familie Demidoff, die durch die vom Prinzen Paul von
Jugoslawien 1969 veranlaßte Versteigerung auch der
verbliebenen Reste ihrer Ausstattung beraubt wurde

Rechts

Die 1598 gefertigte Lünette von Giusto Utens, auch sie in
Florenz im Museum „Firenze com'era", zeigt die Villa Francescos I.
de' Medici in der Zeit ihres höchsten Glanzes mit dem „Park der Heutigen" bis zum großen „Bassin der Wäscherin" am Südhang des Hügels.

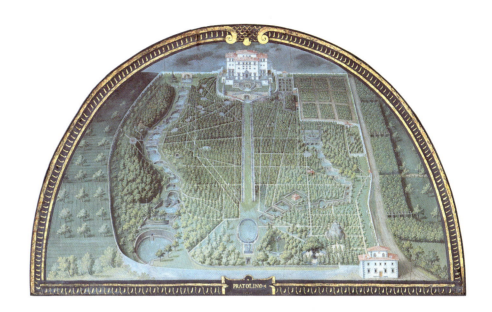

Pratolino

In Pratolino nördlich von Florenz findet sich der heute Demidoff-Park genannte Besitz um eine ehemalige Mediceervilla. Der Besucher, der hier glanzvolle Wunder aus mediceischer Zeit zu finden vermeint, sei jedoch gleich gewarnt — von der ehemaligen Pracht dieses Gartens wird er nur noch auf dürftige Reste stoßen. Dafür wird er aber vielleicht besonderes Gefallen finden an den gewundenen Alleen und dem Bestand an weit über hundertjährigen Bäumen und sich freuen über die Entdeckung des einen oder anderen verbliebenen Brunnens, der einen oder anderen überkommenen Statue oder Grotte, die es ihm erlauben, sich mit etwas Phantasie in den alten Glanz dieser Anlage zurückzuversetzen. Geboren aus einer Fürstenlaune und geplant als extravaganter Ort der Zerstreuung, hatte Pratolino eine bewegte Geschichte, in der Bedrohung von der Vernichtung und Ansätze zur Wiedergeburt abwechselten.

Francesco I. de' Medici suchte nach einem versteckten Zufluchtsort, wo er seine Geliebte Bianca Cappello unterbringen und sich mit ihr treffen konnte, und begann schon im Jahre 1565, bald nach seiner Heirat mit Johanna von Österreich, hier der Familie Uguccioni Gelände abzukaufen. Doch erst 1586 war der Besitz geschlossen in seinen Händen; er umfaßte rings um die Gebäude des von Buontalenti errichteten Gutshofes 20 Hektar Wald und 580 Hektar Ackerland. Als sehr introvertierter Charakter, der sich stark für die Geheimnisse der Natur und die Experimente der Alchimisten interessierte, wollte der Herzog Pratolino zu einer von Magie und Allegorien geprägten Stätte machen. Daher wurde Pratolino unter Bruch mit der bisherigen Tradition geometrischer Gärten um die Villen als

Oben
Die *fagianeria*, ursprünglich Remise für die
Kutschen Ferdinands I., wurde zur Aufzucht
von für die Jagd bestimmten Fasanen umgebaut.

Mitte
Kleiner Brunnen hinter der *osteria*
oder Posthalterei zum Empfang der Gäste

Unten
Der Park von Pratolino, heute bevorzugtes
Ausflugsziel der Florentiner

Die ehemalige Villa der Familie Demidoff und der romantische
Park in englischem Geschmack, den der Landschaftsgärtner
Joseph Frietsch im 19. Jahrhundert mit großen, von Bäumen
bestandenen Wiesenflächen anlegte unter Einbezug dessen,
was an Statuen, Brunnen und Grotten noch vorhanden war

Oben
Der klassizistische Montili-Pavillon
von 1820 wurde von den Demidoffs genutzt
als Belvedere, Jagdpavillon und Fechthalle.

Mitte
Kopie des Denkmals für Nicola Demidoff,
dessen Original sich heute auf dem nach ihm
benannten Platz in Florenz befindet

Unten
Das große Vogelhaus, das als eine Art
lebendigen Museums sämtliche
Vogelgattungen beherbergen sollte

Im Schutze hoher Bäume ragt die von Buontalenti
entworfene Kapelle auf.

eine Art großer gestalteter Waldpark angelegt, wo die „künstliche Natur" herrschte und wo man sich ganz nach Belieben ergehen konnte. Zahlreiche Künstler, unter ihnen Buontalenti, Giambologna, Ammanati, Bandinelli und Francini, wurden zur Gestaltung von Statuen, Brunnen und Grotten aufgefordert.

Die eigentliche Villa inmitten der Besitzung wurde zwischen 1570 und 1575 von Buontalenti erbaut. Zugleich entstanden weitere, im Park verstreute Bauten: die *paggeria*, in der die Pagen, Zwerge und Hofnarren wohnen sollten, Gasthaus und Herberge für Gäste, der Marstall und die Mühle. Die Villa wurde nach dem gleichen Schema errichtet wie jene von Poggio a Caiano, doch das Untergeschoß hatte eine geschlossene Außenwand, in der sich zahlreiche mit Automaten bestückte Grotten befanden. Hydraulisch angetrieben, erweckten sie große Bewunderung; so schreibt etwa Mointaigne, der Pratolino 1580 besuchte, darüber: „Zu den Merkwürdigkeiten dieser Grotten gehören nicht nur die Musik und die harmonischen Töne, die mit Hilfe des Wassers erzeugt werden, sondern auch bewegliche Statuen und Tiere, die bei den verschiedenen Handlungen gleichfalls durch Wasserkraft in Bewegung gesetzt werden, ferner künstliche Tiere, die sich zum Trinken niederbeugen und ähnliche Dinge. Mit einem einzigen Handgriff kann man die Grotte unter Wasser setzen oder bewirken, daß einem von den Sitzen aus das Wasser den Hintern bespritzt." 1579 war dann die Villa, mit wertvollen Möbeln bestückt, bereit zum Empfang der Gäste anläßlich der Hochzeit Francescos I. mit Bianca Cappello. In Pratolino verbrachte das Paar immer wieder längere Zeiten einer gewissen Zurückgezogenheit.

Als es acht Jahre später starb, beauftragte Ferdinando I. zahlreiche Künstler mit der Fortsetzung der Arbeiten, so etwa Mechini, Giulio und Alfonso Parigi, Ferdinando Tacca, Antonio Ferri, Alessandro Galilei. Die Wände der Villa wurden mit neuen Fresken im Stil des Barock geschmückt, und es entstand eine schöne Galerie von Bildern des 17. Jahrhunderts. Im dritten Stock richtete man ein Theater zur Aufführung von Opern ein. Der Hof wurde nach Pratolino verlegt, und Fürstlichkeiten, Gesandte und Reisende strömten zur Villa, die in ganz Europa im Blickpunkt der Bewunderung stand und als beispielhaft galt. Man ahmte ihr künstlerisches Grundkonzept ebenso nach wie die Technik ihrer Automaten, Brunnen und Statuen.

Mit dem Übergang an Habsburg-Lothringen kam das Aus für Pratolino; zu verschieden war der Geschmack des 18. Jahrhunderts gegenüber dem der vorhergehenden Jahrhunderte. Peter Leopold, der die Villa für überflüssigen Luxus hielt, begann 1779 mit dem Abtransport der kostbarsten Schätze: die Bildersammlung mit ihren über 150 Gemälden, die Skulpturen und Theaterdekorationen, Möbel und Teppiche wurden in den Palazzo Pitti geschafft, während die Brunnen ihrer Figuren beraubt und diese in den Boboli-Gärten aufgestellt wurden. Die Wälder wurden zum Jagdrevier, die landwirtschaftlichen Gebäude und das Ackerland wurden verkauft, und die Nebengebäude der Villa wurden zu Produktionsstätten. Zu deren Betrieb wurde auch das Wasser umgeleitet, das einst die Brunnen und

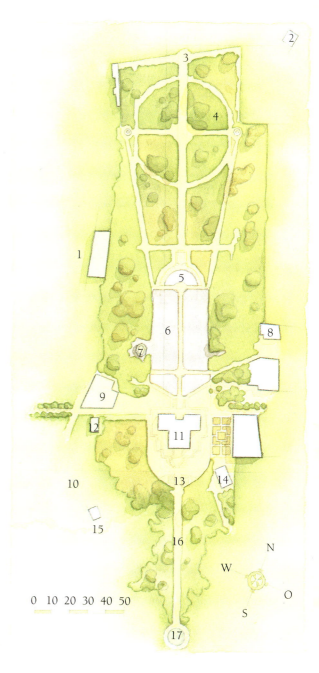

Plan des Parks von Pratolino im 16. Jahrhundert nach J. C. Shepherd und G. A. Jellicoe, *Italian gardens of the Renaissance*, London 1986:
1) Park der Alten, 2) Montili-Pavillon, 3) Jupiterbrunnen, 4) Lorbeer-Labyrinth, 5) Appenin-Teich, 6) Wiese der Großen Männer, 7) Kapelle, 8) Villa Demidoff, 9) *osteria* oder Posthalterei, 10) Park der Heutigen, 11)Medici-Villa, 12) „Maskenfischbecken", 13) Mugnone-Grotte, 14) Vogelhaus, 15) *fagianeria*, 16) Allee der Wasserspiele, 17) Bassin der Wäscherin

Wasserspiele versorgte; im Sockelgeschoß der nun verlassenen Villa entstanden durch eindringende Feuchtigkeit erhebliche Schäden. Während der napoleonischen Zeit beschleunigte sich der Verfall noch, und der aufgegebene Waldpark verwilderte.

1818 erbarmte sich Ferdinand III. dann Pratolinos und beschloß, es wieder zum Leben zu erwecken, aber nun in anderer Form. Er berief den böhmischen Landschaftsgärtner Joseph Frietsch, um einen romantischen Park in englischem Stil anzulegen. Dabei wurde seine Ausdehnung von 20 auf 78 Hektar erweitert; die alte Medicivilla, von der Feuchtigkeit zernagt, mußte abgerissen werden. 1872 wurde der Besitz dann verkauft an den Fürsten Paul Demidoff, einen reichen Industriellen russischer Abkunft, der seit 1824 in Florenz ansässig war und die Arbeiten fortführte. So ließ er die Umfassungsmauer vollenden, Alleen schlagen, Statuen restaurieren und die ehemalige *paggeria* als Villa einrichten, die er luxuriös ausstattete und möblierte. Nach dem Tode der letzten Mitglieder der Familie Demidoff wurde Pratolino erneut ausgeplündert. 1981 erwarb die Provinzialverwaltung von Florenz den Besitz und ist seither bemüht, ihm zumindest etwas von seinem ehemaligen Glanz zurückzugeben.

Der Waldpark der Medici, der sich auf den beiden Hängen eines Hügels erstreckte, war dessen Kamm entlang durch eine von den Seitenfronten der Villa ausgehende Mauer in zwei deutlich verschiedene Bezirke getrennt. Der Park der Alten auf dem Nordhang und der Park der Heutigen auf dem Südhang waren von einer Längsachse durchzogen, die ihre Prägung erhielt durch das Wasser, das unter der Villa durchfloß. Auf der Nordseite entsprang das Wasser dem Jupiterbrunnen, lief durch das Labyrinth der Lorbeerbäume, das Apennin-Becken und dann die Wiese der Großen Männer mit ihren vierundzwanzig Statuen bedeutender Persönlichkeiten der Antike; auf der anderen Seite der Villa gelangte es zunächst in die Mugnone-Grotte und dann durch die Allee der Wasserspiele zum Bassin der Wäscherin.

Heute sind die meisten dieser Anlagen verschwunden und es ist nicht mehr möglich, dieser ehemaligen Nord-Süd-Achse zu folgen. Die Demidoff-Villa wurde leider ihrer früheren Schätze beraubt, und man kann sie ebensowenig besichtigen wie die sonst noch erhalten gebliebenen Gebäude. Immerhin ist noch die 1580 nach einem Entwurf Buontalentis erbaute hübsche Kapelle zugänglich; auf sechseckigem Grundriß und mit einer Laternenkuppel versehen, enthält sie eine ringsum laufende kleine Loggia, auf der die Dienerschaft der Messe beiwohnen konnte.

Gut erhalten ist auch die von Giambologna geschaffene Riesenfigur des Apennin auf seiner kleinen Felseninsel, die wie ein überdimensionierter Mensch der Vorzeit vor dem Hintergrund der Bäume aufragt. Der furchterregende Koloß mit seinem langen Zottelbart hockt, überkrustet von Muscheln und steinernem Tang, da und preßt die Hand auf den Kopf einer Echse zu seinen Füßen, aus deren Maul das Wasser sprudelt. Früher stand er inmitten eines Beckens, das man im 19. Jahrhundert durch einen romantischen Teich ersetzte.

Fuß von der Statue des Appenin: im 19. Jahrhundert wurden Hände und Füße der Figur durch Kopien ersetzt, die Originale liegen heute vor der Villa Demidoff.

Links
Die Riesenstatue des Appenin, gute zwölf Meter hoch, wurde 1579/80 von Giambologna geschaffen. Auf der Höhe der hinter ihr aufragenden Insel befand sich der Eingang zu vielen nicht mehr erhaltenen Grotten, die mit Fresken ausgemalt und mit Wasserspielen und Automaten ausgestattet waren.

Durch das Parterre nach italienischer Art läuft die Hauptallee
auf die Südfassade von La Petraia zu
und trifft dort auf die unter der Treppe eingehöhlte Brunnen-
nische, in deren Achse zwei Ebenen höher
das Hauptportal mit dem Doppelwappen Medici-Lothringen
darüber liegt und über diesem wieder die Uhr des Turms.

Die Lünette von Utens rechts oben
zeigt La Petraia um 1598 mit seinen verschiedenen
Parterres und Anlagen; man erkennt gut
die großen Parterres im Vordergrund und das Fischbecken.
Das Parterre rechts der Villa ist heute ersetzt
durch den „Figurengarten".

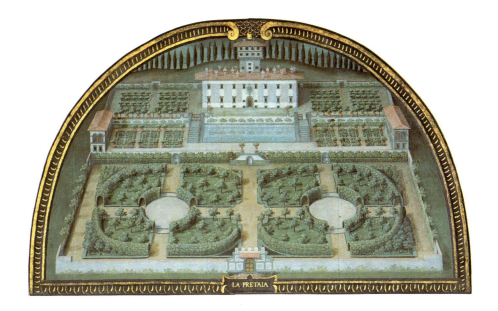

La Petraia

Die Villa La Petraia liegt unweit der Villa Castello in der heute nach Florenz eingemeindeten Ortschaft Castello im Nordwesten der Stadt. An den Nebengebäuden vorbei kommt man rechter Hand durch ein kleines Tor in der Begrenzungsmauer auf eine Allee, die zu einer kleinen Gruppe von Bäumen und Hecken führt, die einen schattigen Ruheplatz inmitten der Parterres nach italienischer Art bildet. Gleich anschließend gelangt man zu einer runden, erhöhten Terrasse, umsäumt von einer niedrigen Hecke, in deren Mitte sich ein schlichter Brunnen mit drei Schalen erhebt. Von diesem Aussichtspunkt aus kann man den ganzen Garten überblicken, der sich in drei Stufen über den Hügelhang bis zur Villa erstreckt, über der ein hoher Turm aufragt.

Das Herrenhaus des 13. Jahrhunderts, errichtet von den Brunelleschi, ging im 15. Jahrhundert in die Hände der Strozzi über und wurde 1530 von den Medici beschlagnahmt. 1568 schenkte es Cosimo I. seinem Sohn Ferdinando, und 1591 entschloß sich dieser zur Umwandlung in einen Sommersitz; mit den Arbeiten dafür scheint er Buontalenti beauftragt zu haben. Der Architekt behielt den mittelalterliche Grundriß der um den Innenhof geschlossenen Vierflügelanlage bei. Die harmonische Fassade mit den großen Fensteröffnungen wird überragt vom alten Wachturm des 14. Jahrhunderts, der mit seinem vorkragenden Oberteil trotz der Ergänzung um eine Uhr und breite Fenster im 16. Jahrhundert seinen wehrhaften Charakter bewahrt hat. Buontalenti hat dann auch längs des Hanges den Garten neu angelegt, der bis ins 18. Jahrhundert die damalige Gestalt bewahrte.

Von dem im 18. Jahrhundert hinzugefügten Brunnen aus geht man durch das Parterre mit seinen bewegten Teilflächen, das mit weißen Blumen geziert und mit eingetopften Zitronen- und Birnbäumen bestückt ist. Entlang der Mittelallee, die auf den Eingang der Villa ausgerichtet ist, kommt man zu der von Rosenbäumen gerahmten doppelläufigen Treppe, die zur nächsten Gartenebene mit dem großen Wasserbecken führt. Links sieht man ein weiteres Buchs- und Blumenparterre liegen, man hält sich jedoch rechts und steigt die Treppe hinauf, vorbei an einem kleinen, palmenbestandenen Garten aus dem 19. Jahrhundert.

Am oberen Ende der Treppe befindet man sich dann auf der Ebene der Villa. Zu ihrer Rechten erstreckt sich der „della Figurina" genannte Garten, so bezeichnet nach dem Brunnen in seiner Mitte, der früher die von Giambologna ursprünglich für den Garten der Villa Castello geschaffene Bronzefigur der Venus (oder Florentia) trug. Die prächtige Brunnensäule, dekoriert mit Meeresgottheiten, die auf Delphinen reiten, mit Putten, Faunen und Masken, befindet sich zur Zeit in Restauration. Glücklicherweise kann man wenigstens die Statue der Venus, die ihr Haar auswindet, im Arbeitszimmer der Villa bewundern. Der Garten endet im Südwesten vor einem eleganten Belvedere aus Gußeisen und Zement, einem Bau des 19. Jahrhunderts mit einem kleinen Vorraum und einem achteckigen stuckierten Saal mit großen Glasfenstern. Der heute aus von niedrigen Hecken gesäumten Rasenflächen bestehende Garten war früher ein großes Parterre, dessen Umfassungsmauern von Spalieren mit Zitrusfrüchten bedeckt waren.

Vom „Figurgarten" aus sieht man über der Mauer die hohen Zypressen des Bosketts, in das man durch ein kleines Tor an der Seitenfront der Villa gelangt. In diesem vom Geist der Romantik geprägten ausgedehnten Waldpark, den zwischen 1836 und 1850 der böhmische Landschaftsgärtner Joseph Frietsch anlegte, wandelt man voll Wohlbehagen auf den schmalen Wegen, die sich durch die Menge unterschiedlichster Bäume schlängeln, und über die kleinen Brücken, die über die Wasserläufe geschlagen sind.

Zur Villa zurückgekehrt, tritt man in ein Vestibül, das sich auf einen gewaltigen Ballsaal voll heiterer Farbenpracht öffnet. Die Ausmalung dieses ehemaligen Innenhofes der Villa begann unter Ferdinando I.; kurz nach dessen Heirat mit Christine von Lothringen 1589 beauftragte diese Cosimo Daddi, der vielleicht vom jungen Cigoli unterstützt wurde, mit Freskomalereien an der Süd- und Nordwand. Unter den sich wiederholenden Doppelwappen Lothringens und der Medici sind sie bedeckt von Grotesken und vor allem von gerahmten Szenen, welche die Heldentaten Gottfrieds von Bouillon (eines Ahnherrn des Hauses Lothringen) bei der Belagerung von Jerusalem schildern.

Als dann 1609 Don Lorenzo de' Medici, ein Onkel des nachmaligen Großherzogs Ferdinando II., Besitzer der Villa wurde, lud er als Mäzen zahlreiche Künstler hierher ein und legte sich nach und nach eine bedeutende Sammlung von Gemälden zu. Manche von ihnen

Oben
Der ehemalige Innenhof mit seinen alten Fresken
wurde im 19. Jahrhundert durch die Schließung mit einem
Glasdach zum sonnendurchfluteten Ballsaal.

Rechts oben
Durch den Portikus rechts gelangt man in den ganz
von Rot geprägten großen Speisesaal, dessen Wände
flämische Wandteppiche des 18. Jahrhunderts schmücken.

wurden vorläufig (nach dem Beispiel der Bildersammlung in den Propyläen von Athen) an der West- und Ostwand mit ihren Doppelloggien aufgehängt. Baldinucci berichtet darüber: „Eines Tages wehte ein so stürmischer Wind, daß innerhalb kurzer Zeit viele Ölbilder [...] zu Boden stürzten, mit denen die Loggien des Hofes geschmückt waren. Dies brachte Seine Hoheit auf den Gedanken, zur Vermeidung eines weiteren Vorfalls dieser Art den Hof mit Fresken ausmalen zu lassen." Daraufhin verbrachte von 1636 an der junge Volterrano zwölf Jahre seines Lebens damit, ohne Rücksicht auf die zeitliche Reihenfolge und in den kräftigen Farben des barocken Geschmacks die beiden Wände zu bemalen mit Darstellungen der *Denkwürdigen Ereignisse des Hauses Medici*.

Als 1865 Florenz die Hauptstadt Italiens wurde, bestimmte man die Villa zur Privatresidenz König Viktor Emanuels II. Um ihn angemessen beherbergen zu können, waren einige Änderungen nötig; so wurde der Hof in einen Ballsaal verwandelt, indem man ihn mit einem großen Glasdach überspannte und den Boden mit einem Mosaik in Sternenmuster versah.

Unter dem östlichen Portikus führt rechts der Weg in die kleine Kapelle, die von 1682 bis 1695 von Pier Dandini vollständig mit Fresken ausgeschmückt wurde; in der kühnen Deckenwölbung sind in barockem Schwung verschiedene Personen um die Muttergottes versammelt. Im ersten Stock, gleich links vom Eingang in die Kapelle, liegen die Privatgemächer Viktor Emanuels II. und seiner zweiten Gemahlin Gräfin Mirafiori, unter denen besonders ein hübscher Spielsaal mit einer bedeutenden Sammlung von Gesellschaftsspielen zu erwähnen ist, darunter Billard- und Roulettetischen.

Oben
Am Ende der auf sie zulaufenden Zypressenallee
erhebt sich mit ihren Beige- und Elfenbeintönen die
klassizistische Fassade der Villa Poggio Imperiale.

Rechts oben
Dieses Bild aus dem Stadtgeschichtlichen Museum
von Florenz zeigt ein Turnier zu Ehren Prinz Ladislaus'
von Polen im Jahre 1624 in Poggio a Caiano.

Poggio Imperiale

Wenn man durch die Porta Romana Florenz in südlicher Richtung verläßt und der langen Viale del Poggio Imperiale folgt, die zypressengesäumt seit dem 17. Jahrhundert hügelanwärts führt, gelangt man zur namengebenden Villa. Die Allee mündet in die große halbkreisförmige Wiese vor der Villa, wo im 17. Jahrhundert Turniere oder Freilichtaufführungen stattfanden.

Angesichts der wuchtigen, breitgelagerten neoklassizistischen Fassade ist es schwierig, sich das ehemals hier gelegene befestigte Herrenhaus des 15. Jahrhunderts vorzustellen, das nach der Erbauerfamilie den Namen Poggio Baroncelli trug. 1565 schenkte es Cosimo I. seiner Lieblingstochter Isabella und deren Gatten Paolo Giordano Orsini, Herzog von Bracciano. Isabella veränderte das Äußere nicht und beschränkte sich darauf, das Innere mit Familienbildern und Statuen auszuschmücken. Nach ihrem Tode 1576 verblieb die Nutzung der Villa den Orsini, und diese entschlossen sich 1622, sie an Cosimos II. Witwe Maria Magdalena von Österreich zu verkaufen.

Diese machte sich an ihre Vergrößerung und Verschönerung und nannte sie, um ihre eigene Verwandtschaft mit dem Kaiserhause Österreich hervorzuheben, Poggio Imperiale. Sie schrieb für den Umbau einen Wettbewerb aus, den der Architekt Giulio Parigi gewann; er bewältigte die Arbeit innerhalb von zwei Jahren. Er entwarf einen Hauptbau mit einer eleganten dreistöckigen Fassade, bekrönt von einem Belvedere mit einer dreibogigen Loggia, und zwei vorspringende Seitenflügel, die zusammen mit der gerundeten Balustrade einen großen Ehrenhof bilden.

Oben
Diese sonnendurchflutete Loggia,
die um den ganzen Haupthof läuft,
blieb seit ihrer Errichtung durch
Parigi im 17. Jahrhundert so gut
wie unverändert.

Rechts
Ein Plan der Villa von Poggio
Imperiale im 18. Jahrhundert, aus
*Piante dei palazzi, ville e
giardini del Granducato di Toscana*
von G. Ruggieri, Florenz 1742: zu
beiden Seiten des Ehrenhofs kann
man die zwei von Parigi zu Anfang des
17. Jahrhunderts errichteten Flügel
erkennen und im Süden Marmis
Erweiterungsbau vom Ende des
17. Jahrhunderts.

Nachdem man diesen durchschritten hat, kommt man in den heute verglasten Arkadengang, der sich den Hof entlang zieht. Zu beiden Seiten blieben die ursprünglichen Seitenflügel des 17. Jahrhunderts nach dem Entwurf Parigis erhalten. Im Erdgeschoß des rechten Flügels haben fünf Räume, einst die Privatgemächer Maria Magdalenas von Österreich und ihres Sohnes Ferdinandos II., auch ihre damalige Dekoration bewahrt, darunter der prächtige Audienzsaal. Hier sicherten die Erzherzogin und ihre Schwiegermutter Christine von Lothringen die Herrschaft des noch minderjährigen Ferdinando; zugleich aber huldigten sie auf der Besitzung der Jagd und veranstalteten hier prächtige Feste und Bankette.

Nach dem Tode Maria Magdalenas 1631 erbte erst ihr ältester Sohn und dann dessen Gattin Vittoria delle Rovere den Besitz. Letztere, die sehr viel Gefallen am barocken Prunk fand, ließ zwischen 1681 und 1683 durch den Architekten Giacinto Marmi einen weiteren Flügel errichten und vergrößerte außerdem die Sammlung von Gemälden und sonstigen Kunstwerken des 17. und 18. Jahrhunderts, die später in den Palazzo Pitti und die Uffizien geschafft wurden.

Vom Hause Habsburg-Lothringen, das die Villa erbte, eine Zeitlang vernachlässigt, erlebte sie neuen Glanz unter der Herrschaft Pe-

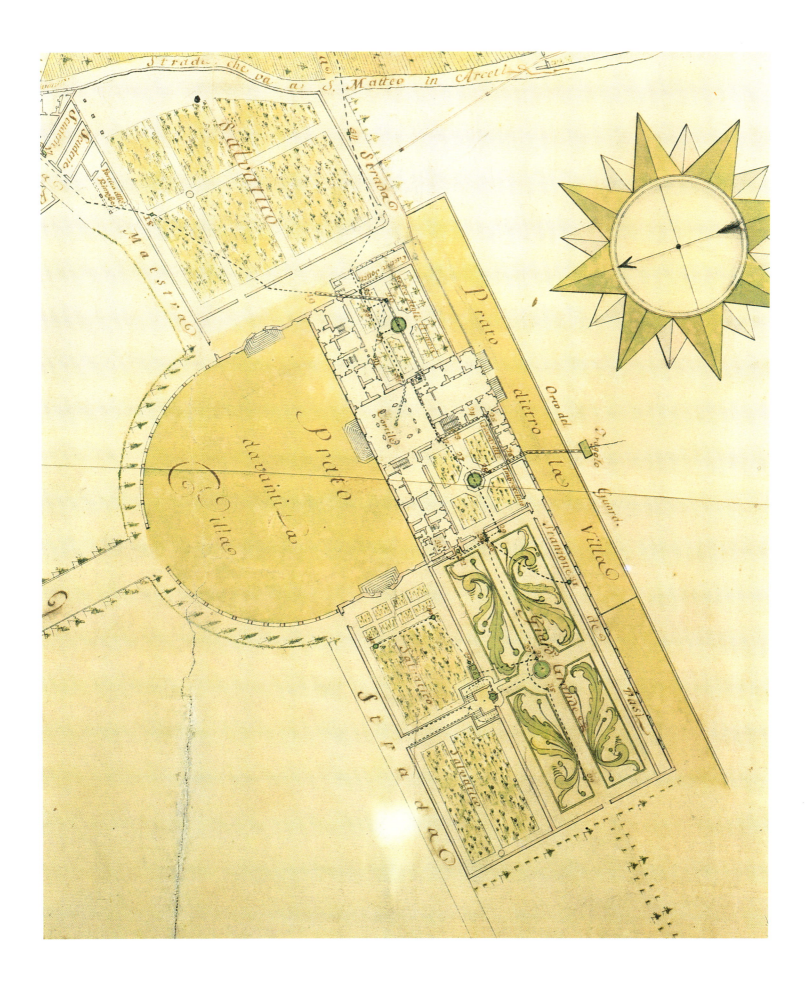

Oben

Die imposante klassizistische Fassade ist zwei verschiedenen Baumeistern
zu verdanken: das Rustikageschoß unten errichtete 1806 Poccianti, das Oberteil
mit den verglasten Arkaden und dem Giebel darüber 1809 Cacialli. Die Inschrift
verweist auf das seit 1865 hier untergebrachte vornehme Mädchenpensionat.

ter Leopolds. 1766 vertraute dieser, nachdem er sich entschlossen hatte, Poggio Imperiale zu seiner Sommerresidenz zu machen, dem Architekten Gaspero Paoletti die Aufgabe an, sie dem Zeitgeschmack anzupassen und ihr einen eindrucksvolleren Anstrich zu verleihen. Paoletti verstand es, die florentinischen Traditionen der Renaissance zu verbinden mit den Ansprüchen des klassizistischen Zeitgeistes.

Paoletti verdoppelte die Grundfläche des Gebäudes, indem er dem Erweiterungsflügel Marmis im Süden zwei dazu senkrecht stehende Bauteile anfügte, die er mit den beiden nördlichen Flügeln Parigis verband, womit neue Säle an der West- und der Ostseite entstanden. Damit gab er der Villa ihren heutigen rechteckigen Grundriß mit drei Höfen. Die beiden „Privatgärten" des 17. Jahrhunderts, im Westen ein Blumenparterre, im Osten ein Orangenbaumgarten, wurden in das Ensemble einbezogen und zu einfachen Rasenhöfen umgewandelt.

Alle von Paoletti entworfenen Fassaden verdanken ihrer strengen Symmetrie Klarheit und Ausgewogenheit. In den beiden Höfen gewinnen sie ihren vertikalen Rhythmus durch den Wechsel zwischen großen, von Dreiecks- oder Halbkreisgiebeln bekrönten Fenstern und Doppelpilastern, die im Erdgeschoß der toskanischen und im ersten Stock der ionischen Ordnung folgen. Horizontale Kranzgesimse trennen klar die Stockwerke voneinander. Vor der Westfassade blieb das entzückende Buchsparterre des 17. Jahrhunderts mit dem Brunnen in der Mitte erhalten, das in ein kleines Boskett übergeht.

Im Bemühen um eine Anpassung an die einst ausgemalten Säle beauftragte Peter Leopold verschiedene toskanische Maler, darunter Tommaso Gherardini, Giuliano Traballesi und Giuseppe Fabbrini, mit der Ausgestaltung der Erdgeschoßräume der Süd- und Westflügel in dem damals sehr geschätzten Stil, der an die Antike anknüpfte. Die Räume im ersten Stock ihrerseits wurden mit weißem Stuck auf pastellfarbigem Grund verziert und zusätzlich mit Supraporten geschmückt, die galante und mythologische Szenen zeigen, sowie mit venezianischen Spiegeln, orientalischen Seidentapeten und chinesischen Papiertapeten ausgestattet.

1806, ein Jahr vor ihrer Absetzung, beauftragte die Königin von Etrurien gewordene Marie-Louise de Bourbon Pasquale Poccianti mit einer umfassenden Neugestaltung der Fassade. Diesem blieb gerade noch genug Zeit, im Erdgeschoß den fünfbogigen Mittelportikus zu errichten. Ein paar Jahre später griff auf Weisung der neuen Großherzogin Elisa Baciocchi, der Schwester Napoleons I., Giuseppe Cacialli den Plan Pocciantis wieder auf und setzte auf diesen Erdgeschoßportikus das erste Stockwerk. Das Ganze wurde bekrönt von einem Giebel mit einer Uhr in der Mitte, die von zwei antikischen Siegesgöttinnen gehalten wird. Die Arbeiten an der Fassade wurden 1814 unter Ferdinand III. von Habsburg-Lothringen durch die Anfügung zweier Seitengebäude abgeschlossen, des Wachgebäudes rechts und der Kapelle links. Das Ergebnis ist zwar ziemlich akademisch, dafür sorgen aber die großen Öffnungen für eine gute Beleuchtung der Galerie im ersten Stock.

Oben
Von den zahlreichen Statuen, die im 17. Jahrhundert den Villenbau Parigis schmückten, blieben nur die des blitzeschleudernden Jupiter und des die Erdkugel stemmenden Herkules erhalten, die auf hohen Sockeln beidseits den Eingang in den Ehrenhof zieren.

Gegenüber unten links
Das durch breite Rippen sozusagen kassettierte Tonnengewölbe im von Poccianti 1806 errichteten Portikus, in den man über zwei seitliche Rampen auch zu Pferd gelangen konnte

Gegenüber unten rechts
Die von Paoletti 1768-1771 in klassischem Aufriß errichtete schöne Fassade im linken Hof, an der elegante kleine Balkone die Stockwerksgliederung unterstreichen

Der 1623 von Matteo Roselli mit Fresken ausgestattete Audienzsaal
mit seiner prächtigen, mit Groteskenmotiven und historischen Szenen geschmückten
Pendentifdecke und den Darstellungen mediceischer Villen an den Wänden

Das Vorzimmer Ferdinands II., einer
der fünf großherzoglichen Räume
aus dem 17. Jahrhundert, deren
Freskenschmuck erhalten blieb

Poggio Imperiale wurde wegen seiner bevorzugten Lage auf
einem Hügel unweit des Palazzo Pitti gleichermaßen geschätzt von
den Frauen des Hauses Medici im 16. und 17. Jahrhundert wie von
den Großherzoginnen der Toskana im 18. und 19. Genau das führte
im Gegensatz zu anderen Mediceervillen zum vollständigen Umbau.
Andererseits ist darauf auch zurückzuführen, daß dieser Sitz zu
einem großartigen, reich geschmückten und in seinen Abmessungen
dem Palazzo Pitti vergleichbaren Palast wurde und in vorzüglichem
Zustand erhalten blieb.

Im 14. Jahrhundert reichte das Gebiet der Republik Florenz weit über das unmittelbare Umland der Stadt hinaus; es erstreckte sich im Norden über Pistoia und im Osten über Arezzo hinaus, umfaßte im Süden noch Siena und reichte im Westen bis zum Tyrrhenischen Meer. Unsere Auswahl hier berücksichtigt sowohl die weite Ausdehnung dieses Gebietes als auch die Vielfalt der Landschaften und der jeweiligen Lage der Villen selbst.

Die meisten von ihnen bestanden im Umkreis von Florenz schon im 14. Jahrhundert, also während der Hochblüte der Republik — so die Villen Il Riposo dei Vescovi, La Pietra oder Gamberaia. Einige von ihnen, wie etwa Villoresi, gehen in ihrem Ursprung sogar schon auf das 12. oder 13. Jahrhundert zurück. Es ist jedoch so gut wie unmöglich, heute noch eine florentinische Villa zu finden, die in ihrem Urzustand als schlichte *casa da signore* erhalten wäre. Viele von ihnen wurden anläßlich der Belagerung von Florenz durch kaiserliche und päpstliche Truppen im Jahre 1530 zerstört. Anschließend wurden sie dann meist wieder aufgebaut und dabei dank des Wohlstands im Großherzogtum der Medici und nach dem Vorbild ihrer Villen vergrößert. Einige, so zum Beispiel Villoresi, haben ihren Renaissancecharakter bewahrt. Andere sind erst im 17. Jahrhundert im Stil des Barock erneuert worden, darunter die Villen Celle, Ginori-Lisci und Gamberaia. Einige Eigentümer haben sich dabei an berühmte Architekten aus Rom gewandt, wie an Bernini oder Carlo Fontana, die Neuentwürfe für Rospigliosi beziehungsweise La Pietra lieferten. Im 19. Jahrhundert erlebt dann Florenz, mehr als jede andere toskanische Stadt, die Invasion ausländischer Erwerber; in der Villa Villoresi ließen sie die Wände mit Fresken des Spätempire schmücken, in Celle und der Villa Ginori-Lisci das Boskett in einen romantischen Park und das Parterre nach italienischer Art in Rasen nach englischer verwandeln, und in Il Riposo dei Vescovi fügten sie extravagante Bauten hinzu. Die meisten von ihnen sind heute in den Händen glücklicher Privatbesitzer, andere verdanken ihr Überleben neuen Aufgaben: in Celle entstand ein Zentrum für zeitgenössische Kunst, in I Tatti eines für Kunstgeschichte; die Villa Villoresi wurde zum Luxushotel, die Villa Rospigliosi dient Empfängen und Kongressen. Keine von ihnen ist in Staatsbesitz, aber die Privatbesitzer gewähren üblicherweise Besuchern Zugang, die echtes Interesse an der florentinischen Kunst zeigen.

Trotz ihrer wiederholten Wandlungen behält die florentinische Villa ihren gemessenen, schlichten und manchmal fast schon nüchternen Charakter bei, den man selbst an den berühmtesten von ihnen findet, wie etwa La Pietra oder Gamberaia. Menschliche Abmessungen, intime Atmosphäre und gelassene Heiterkeit bewirken ihren natürlichen und unverlierbaren Charme und unterscheiden sie unverwechselbar von der Villa im Umkreis von Lucca oder Siena.

Die Vorderfront der Villa La Pietra

Villoresi

In Sesto Fiorentino, nordwestlich von Florenz, verbirgt sich die Villa Villoresi, die sich einer ungewöhnlichen Geschichte rühmen kann und bis in ferne Zeiten zurückreicht.

Ihr Ursprung geht nämlich zurück auf eine freistehende Burg mit einem hohen Turm, die schon um 1100 durch die einflußreiche welfisch, also papsttreu gesinnte Familie der Della Tosa errichtet worden war als sicherer Hort angesichts der inneren Kämpfe, die damals Florenz erschütterten. Wenn sie nicht unter Waffen standen, widmeten sich die Della Tosa dem Handel und der Verarbeitung von Wolle. Die Freifläche vor der Villa diente also früher, so kann man es sich vorstellen, dem Scheren der Schafe. Aus dieser Zeit blieben der kleine, blumengeschmückte Innenhof mit seinem Brunnen und dem gekappten Turm erhalten und die auf ihn hinausgehenden Räume. Die Legende behauptet, daß Dantes Gattin Gemma Donati hier Zuflucht gefunden habe, als ihr Gemahl Florenz hatte verlassen müssen.

Nachdem die Zeiten ruhiger geworden waren, unternahm man 1579 die Umwandlung in eine Villa: die Ummauerung wurde hinausgeschoben, damit man einen zusätzlichen, vierzig Meter langen Flügel anbauen konnte. Dieser enthielt im Erdgeschoß die Eingangsgalerie, durch die man früher in den Hof einreiten konnte, und wurde im ersten Stock mit einer Loggia versehen. Von dieser aus kann man in den entzückenden „geschlossenen Garten" hinunterschauen, der von der Eingangsgalerie aus zugänglich ist: aus dem 16. Jahrhundert hat er sein mit Rosen bepflanztes und von Zitronen- und Orangen-

Die Rückseite der Villa ziert eine
Loggia, die gerühmt wird als längste
der ganzen Toskana und auf die hier der
Blick vom kleinen Parterre in italienischer
Art fällt. Dieser paradiesische Fleck
blieb seit dem 16. Jahrhundert
so gut wie unverändert.

bäumen, Geranien und Lorbeerrosen gesäumtes Buchsparterre bewahrt, das eingefaßt ist von Feigen- und Olivenbäumen. Die Villa hat sich ihren Renaissancecharakter bewahrt, obwohl sie durch die Hände verschiedener Besitzer ging. Zu ihnen zählen im 17. Jahrhundert die Manieri und die Capponi (die eine kleine Kapelle hinzufügten, in der sich ein Altarbild Masos da San Frediano aus dem 16. Jahrhundert befindet) und im 18. die Collini und die Pratellesi, auf welche die heutige Möblierung zurückgeht.

Zu Beginn des 19. Jahrhunderts erwarb die alte Familie der Villoresi, toskanischer und savoyischer Herkunft, die Villa als Sommersitz und ließ das Innere mit Fresken in Pastelltönen ausmalen. Die Eingangsgalerie erhielt einen Bodenbelag und wurde von Alfredo Luzi im „Ägypten-Stil" ausgemalt, den Napoleons Feldzug nach Ägypten ausgelöst hatte: unter einer gemalten Pergola und über eine vorgetäuschte, mit Blumenschalen und antiken Statuen bestückte Balustrade hinweg schweift der Blick in eine Landschaft, in der sich unter blauem, von Vögeln durchflattertem Himmel Pyramiden und römische Gräber, Zypressen und Palmen mischen. Im ersten Stock hat Paolo Sarti die Zimmer, die sich zur Loggia hin öffnen, mit mythologischen Szenen in den Deckenwölbungen ausgemalt und an den Wänden mit illusionistischen Landschaften mit Balkonen und Statuen, Pflanzen und Blumen im Vordergrund. Im Lesesaal hat sich Bartolomeo Pinelli, der einige Zeit in der Villa verbrachte, für die ihm gewährte Gastfreundschaft bedankt mit naiven ländlichen Szenen (Bauerntanz, Marionettentheater u.ä.). Im zweiten Weltkrieg nahmen die Villoresi in der Villa ihren ständigen Aufenthalt, und 1963 sahen sie sich zu ihrer Erhaltung dazu gezwungen, sie in ein Hotel-Restaurant umzuwandeln. Glücklicherweise haben sie im Bestreben, die Atmosphäre möglichst zu erhalten, nur geringfügige Veränderungen vorgenommen. Aus der unveränderten Galerie gelangt man

Ein Blick auf das Parterre von der Höhe der Loggia im Obergeschoß. Inmitten der Düfte und Farben von Zitronen- und Orangenbäumen, Rosenlorbeer und Geranien, Feigen- und Olivenbäumen fühlt man sich zurückversetzt in die Zeit, als diese „geschlossenen Gärten" der Meditation dienten.

nach links in den Gang, der zu den mit Stichwiedergaben des 16. Jahrhunderts oder zeitgenössischen Bildern dekorierten Erdgeschoßzimmern führt. Etwas weiter öffnet sich die Bibliothek mit ihren alten ledergebundenen Büchern, dann der Empfangssaal. Sein Hängegewölbe ist mit gemalten Girlanden verziert, und an den Wänden hängen neben dem wappengeschmückten Stammbaum der Villoresi Familienporträts. Der kleine Salon daneben ist als Bar eingerichtet und der wiederum nächste als Speisesaal des Restaurants, mit etwas zu moderner Möblierung. Die drei letztgenannten Räume gehen als Kern der ursprünglichen Burg auf den alten Innenhof.

Vom Empfangssaal aus führt eine gerade Treppe auf die mit Korbsesseln bestückte Loggia. Die dahinterliegenden freskengeschmückten Räume sind die Prunkzimmer des Hotels; man hat ihnen lediglich kleine Badezimmer angefügt. Ein Teil des Gartens vor der Loggia mußte leider praktischen Erfordernissen des modernen Tourismus geopfert werden; neben dem erhaltenen Parterre erstreckt sich heute eine Wiese mit Sonnenschirmen und einem Schwimmbassin. Doch in einem versteckten Winkel hinter den Feiegen- und Olivenbäumen kann man an der Umfassungsmauer ein überraschendes Sepiafresko entdecken, das von den Malertalenten eines Hotelgastes zeugt und ein Panorama von Florenz im 15. Jahrhundert wiedergibt.

Die große Galerie wurde im 19. Jahrhundert mit einem Klinkerfußboden versehen und von Alfredo Luzi mit Fresken im Spätempirestil ausgeschmückt. Die Familie Villoresi verstand es, durch die Ausstattung mit Pflanzen in Kübeln, Familienfotos und Lampen mit gedämpftem Licht ihre gemütliche, anheimelnde Atmosphäre zu bewahren.

Die Dekoration mit gemalten weiten Ausblicken hinter statuenbesetzten Scheinbalustraden
verleiht den sich auf die Loggia öffnenden Räumen romantischen Charme.

Oben
Blick durch die Olivenpflanzung auf die rückwärtige Fassade
der Villa Ginori-Lisci mit ihren schönen Rundbogenfenstern

Rechts oben
Die Terrasse mit ihrem Rosenparterre vor dem Wintergarten,
der die hohen Palmen einen Hauch von Exotik verleihen

Ginori-Lisci

Nicht sehr weit entfernt von der Villa Villoresi erhebt sich die Villa Ginori-Lisci am Hang des Monte Acuto in Doccia, wo sich bis 1965 die dann nach Sesto verlegte berühmte Porzellanmanufaktur befand, die 1735 vom Marchese Carlo Ginori begründet worden war.

Die Ansiedlung der Ginori-Lisci in Doccia liegt jedoch schon länger zurück. Zu Reichtum gelangte im 15. Jahrhundert diese alte Florentiner Woll- und Seidenhändlerfamilie durch ihre Bank in Neapel, die ihr einen ausgedehnten Orienthandel und bevorzugte Beziehungen zum regierenden Haus Aragon ermöglichte. Nach der Errichtung ihres Familienpalastes in der nach ihnen genannten Straße in Florenz erwarben die Ginori-Lisci 1525 in Doccia eine Besitzung mit einem Herrenhaus. Dieses wurde jedoch erst 1620 von Lionardo di Bartolomeo zu der heutigen prächtigen Villa umgebaut.

Nachdem man ein großes Portal durchschritten hat, gelangt man über eine baumbestandene Wiese an ein weiteres Gittertor. Auf der an der rechten Seite der Villa entlangführenden Allee kommt man an einem kleinen Fischteich vorbei, in dessen Mitte ein bemoostes Felseninselchen aufragt. Er versorgte einst sowohl die Villa als auch die Porzellanmanufaktur mit Wasser. Über ein paar Stufen erreicht man dann die Villa selbst.

Der Garten in englischem Stil ist auf die sich gegenüberstehenden
Gewächshäuser im Hintergrund zu mit eingetopften Zitronenbäumen
bestückt; dahinter ragt der Wald des Monte Acuto auf.
Im 17. Jahrhundert lag im Vordergrund ein „geschlossener
Garten" mit Heilkräutern.

Das Hauptgebäude besteht aus zwei rechtwinklig aufeinander-
stoßenden Bauteilen mit zwei Vollgeschossen, an denen die zu Zwei-
er-, Dreier- und Vierergruppen zusammengefaßten großen Rundbo-
genfenster auffallen. Ein Flügel wird verlängert durch einen Wintergarten, dem wiederum ein weiteres darauf senkrecht stehendes Gebäude angefügt ist. Das Innere ist von großer Schlichtheit geprägt.
Einige alte Möbel, Wandbehänge, Teppiche, Skulpturen, Lüster und
Bilder sind sparsam verteilt, womit jegliche Überladenheit vermie-
den wird. Den Besitzern kam es auf eine behagliche Atmosphäre an,
in der sie sich abseits des hektischen Treibens von Florenz in Ruhe
erholen können.

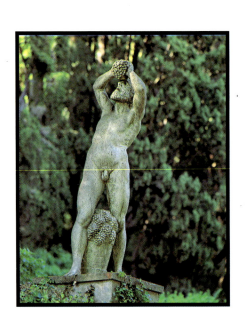

Mythologische Statuetten wie dieser trunkene Bacchus an einem Teich bevölkern oft die Boskette der toskanischen Villen wie früher die Geister, die man sich als ihre Bewohner vorstellte.

Die ganz nach draußen ausgerichtete Hinterfront der Villa öffnet sich auf eine große besonnte Terrasse über der Ortschaft Doccia, die einen herrlichen Blick auf Sesto und die Hügellandschaft ringsum bietet. Weitgehend von Kieseln bedeckt, ist sie mit großen Palmen, einigen Rosenparterren und einem kleinen Mittelbecken bestückt. Die Vorderfront ihrerseits geht auf einen großen englischen Rasen hinaus, der im 19. Jahrhundert an die Stelle der ursprünglichen wilden Wiese trat. Rechter Hand umstehen Bäume und einige antike Säulen ein flaches Zierbecken und geben dem Platz einen Hauch der Romantik. Weiter oben kommt man dann entlang der Hauptallee an am Hang gelegenen langen Querparterren vorbei, gesäumt von Hecken und Zitronenbäumen in großen Tarrakottatöpfen.

Am Ende der Allee stehen beiderseits die Gewächshäuser vor dem den Garten beschließenden Gittertor. Dahinter scheint die zypressengerahmte Allee bis ins Unendliche den Hügel hinaufzulaufen; im Meer der Bäume dort zieht sie einen scharfen Strich. Am vorderen Waldrand liegt der Hain mit den gestutzten immergrünen Eichen, im Sommer hochgeschätzt wegen seiner erfrischenden Kühle und im Winter früher wegen eines dort geübten ausgefallenen nächtlichen Jagdvergnügens: mit Laternen blendete man Drosseln und andere kleine Vögel und verschoß dann auf sie mit der Armbrust aus Brot geknetete Bolzen. Weiter oben lag dann der Weinberg, dann kamen die Olivenbäume und schließlich die hohen Zypressen, die noch heute bis zum 500 Meter hoch gelegenen Kamm des Monte Acuto wachsen und seit dem 19. Jahrhundert durch eine Mauer gesichert sind.

Im 17. Jahrhundert war die Villa die Zentrale eines ausgedehnten landwirtschaftlich und industriell genutzten Besitzes. Neben Weinbergen und Ölbaumplantagen verfügten die Ginori-Lisci auch über Ackerland in der Ebene, im Zambra- und Rimaggiotal. 1735 gründete Carlo Andrea die drittälteste Porzellanmanufaktur Europas. Das dafür benötigte Kaolin kam aus Asiago in Venetien; es mußte erst in Kähnen die Brenta herabgeschafft und auf ein Schiff verladen werden, das dann in Livorno anlegte; von dort ging es wieder auf Kähnen arnoaufwärts bis Porto da Signa und von da auf Ochsenkarren bis nach Doccia. Carlo Andrea ließ sich aus Wien Porzellanmaler kommen, darunter Ulrich Prucher, der Fachmann auf dem Gebiet der Botanik war und für den man eigens ein Treibhaus für exotische Pflanzen errichten ließ. Im 19. Jahrhundert wurden zehn Brennöfen mit je vier Etagen errichtet, in denen man sowohl Terrakotta als auch glasierte Ware und feinste Porzellane brennen konnte.

Obwohl die Villa Ginori-Lisci aus dem 17. Jahrhundert stammt, hat sie sich die Schlichtheit der vom humanistischen Ideal geprägten Renaissancevilla bewahrt. Für uns ist es eher erstaunlich, daß eine solche Villa im Besitz einer der ältesten Familien von Florenz verblieb, die außerdem auch noch über ihren alten Stadtpalast verfügt.

Die verschiedenen Säle der Villa, sämtlich ausgestattet
mit einem schönen Mosaikfußboden mit geometrischen Motiven
und überwölbt mit weißen, zurückhaltend mit Gold und Stuckmotiven
verzierten Decken, verzichten auf den sonst in den Villen des
17. Jahrhunderts häufig anzutreffenden pompösen malerischen Aufwand

Oben
Die Rückfront der Villa Rospigliosi, einstige Schauseite
mit dem Haupteingang, wurde von Bernini in einer Mischung
aus römischem Barock und toskanischer Strenge gestaltet.

Rechts oben
Dieser Stich der Villa von Giuseppe Zocchi von 1774 aus
den Uffizien in Florenz zeigt noch die im 19. Jahrhundert
entfernte figurengeschmückte Balustrade um die Dachterrasse.

Veduta della Villa di Lamporecchio di S. E. il S. Duca Rospigliosi. 26.

Rospigliosi

Westlich von Florenz liegt in der Gemeinde Lamporecchio an der Flanke der Kette des Monte Albano die Villa Rospigliosi, nach ihrem Standort im gleichnamigen Weiler auch Lo Spicchio genannt.

Die alte Kaufmanns- und Bankiersfamilie der Rospigliosi war seit dem 13. Jahrhundert in Pistoia ansässig. Im 15. Jahrhundert ließ sich ein Milanese Rospigliosi in Lamporecchio eine *casa da signore* neben einigen Bauernhäusern an der Stelle eines abgegangenen Klosters errichten. Im 17. Jahrhundert wurde die Familie berühmt durch Giulio Rospigliosi, der von 1667 an, vorher schon päpstlicher Legat und Kardinal, für zweieinhalb Jahre als Papst Clemens IX. an der Spitze der Kirche stand. Aus besonderer Anhänglichkeit an diese Stätte seiner Kindheit beschloß der neugewählte Papst alsbald, das Herrenhaus in einen Palast umbauen zu lassen. Beauftragt wurde damit Bernini, der vorher schon, von Clemens IX. hoch geschätzt, für die Engelsbrücke in Rom die Statuen mit den Passionswerkzeugen Christi geschaffen hatte. Die Arbeiten dauerten beim Tode des Papstes noch an, wurden aber noch vor 1675 eingestellt. Bernini hatte sich auf den Entwurf der Pläne beschränkt und die Ausführung dem nach seiner Einschätzung fähigsten seiner Schüler überlassen, Mattia de' Rossi.

Von Anfang an lag der Haupteingang auf der Rückseite; von Lamporecchio aus führt der Weg zur Villa über eine mählich ansteigende Allee aus immergrünen Eichen, deren Blätterdach Schatten spendet. Nachdem man den Wald durchquert hatte, gelangte man einst zu Gärten und Hainen mit seltenen Pflanzen, ausgestattet mit Brunnen, Teichen und Belvederes, die heute ausgedehnten Oliven-

Das von zwei steinernen Hunden
bewachte Prunkportal wird bekrönt
von einem typisch berninischen
Volutenabschluß, über dem das
monumentale Wappen
Past Clemens' IX.
angebracht ist.

plantagen gewichen sind. Bernini, der die Lehren Sangallos und Buontalentis verinnerlicht hatte, entwarf einen einfachen und wirkungsvollen Grundriß, der sich an strenge geometrische Formen hält: ein rechteckiger und etwas erhöhter Mittelbau mit zwei beidseits vorspringenden Seitenflügeln, die auf der Vorder- wie der Rückseite eine erhöhte, balustradengeschmückte Terrasse begrenzen, auf die man über eine fächerförmige Steintreppe gelangt.

An der Vorderseite kommt man durch einen majestätischen Eingang sogleich in eine Empfangshalle auf ovalem Grundriß. Hier wird man überrascht von der Farbenpracht und vom kühnen Einfallsreichtum der illusionistischen Ausmalung, die mit ihren vorgetäuschten Architekturelementen den Raum sehr viel größer erscheinen läßt. An den Wänden tragen perspektivisch gemalte Säulengruppen einen Architrav und wechseln mit schräg angelegten Nischen, die seitlich abgehende Fluchten vortäuschen, und den Gesimsen über Fenstern und Türen. An den beiden Schmalseiten sind die Gesimse der jeweils drei in andere Räume führenden Türen bekrönt von geflügelten Siegesgöttinnen, die das Wappen des Papstes zwischen sich tragen.

Dieser Raum wiederholt sich, freilich ohne die Ausmalung, im Geschoß darunter, das die für die Haushaltsführung erforderlichen Räume enthält, und ebenso im Wohngeschoß darüber. Die drei ovalen Gemächer bilden den Mittelbau und stellen durch die jeweiligen Seitentüren die Verbindung zu jeweils drei Zimmern beiderseits her. Manche davon tragen noch schöne bemalte Kassettendecken, insgesamt aber sind sie alle erneuert. Der Zugang zu den Stockwerken erfolgt über zwei Wendeltreppen in der Nordwest- beziehungsweise Südostecke des Hauptbaus.

Vor der Vorderfront erstreckt sich eine von Hecken und eingetopften Zitronenbäumen gerahmte Rasenfläche; der über sie hinschweifende Blick trifft auf ein Wasserbecken mit einem Felseninselchen in der Mitte, auf dem ein kniender Satyr einen Weinschlauch an sich preßt, aus dem das Wasser spritzt. Hinter ihm ragt am Ende des Gartens eine von Bäumen umstandene hübsche kleine Kapelle auf.

Die Fassade dieses kleinen Kirchenbaus auf quadratischem Grundriß wurde von Bernini mit dem gleichen Linienmuster aus *pietra serena* gegliedert, das auch das Äußere der Villa selbst prägt. Einige Stufen führen zum Portal, das vom Wappen der Rospigliosi und einem Giebel darüber bekrönt ist. Auch hier tritt man nun wieder in einen Ovalraum, der ganz von Fresken bedeckt ist. Im Deckengewölbe umgibt auch hier eine barocke Scheinarchitektur aus Doppelsäulen und von Putten bevölkerten Balkonen das Mittelbild der Himmelfahrt.

Offenbar ist das Flehen Sir Harold Actons, der sich in seinem Buch über die toskanischen Villen über die drohende Verwahrlosung dieser prächtigen Villa beklagt, erhört worden: Sie wurde nämlich von der Hoteliersvereinigung von Montecatini Terme erworben und restauriert, die sie für Empfänge und Bankette verschiedener Art nutzt.

Der große Barocksaal im Erdgeschoß
ist vielleicht Lodovico Giminiani zu verdanken,
der für den Palast der Rospigliosi in Pistoia
tätig war. Die Mittelachsen aller Öffnungen, die
sternförmig in gleichen Abständen angeordnet sind,
treffen sich in der Mitte des Raumes.

Oben
An der Pendentifdecke des Salons
stellen Allegorien die Tierkreiszeichen
dar; sie umgeben das Mittelbild mit
dem triumphierenden Sonnengott
auf seinem Wagen.

Rechts
Die in den Hauptfarben Grau,
Blau und Gelb ausgemalte Kapelle
konzentriert das schräg einfallende
gedämpfte Licht auf den Altar.
Hier herrscht eine Atmosphäre der
Gelöstheit und Harmonie.

Rechte Seite
Das Zusammenspiel von Rahmungen
und Öffnungen (die so aufeinander
ausgerichtet sind, daß die Fenster
einander gegenüberliegen) vermittelt
im Verein mit den gemalten
Scheinarchitekturen den Eindruck der
Weite und Tiefe und wird dafür in
Italien seit der Renaissancezeit
häufig genutzt.

Oben
Hinter dem Satyr des
Brunnenbeckens zeigt sich die
entzückende kleine Kapelle mit ihrer
zweifellos nachträglich von Bernini
entworfenen Kuppel (um 1678).

Rechts
Blick auf die Vorderfront über
das Satyrbecken hinweg: vertikale und
horizontale Linien wie Fenstergesimse
und -rahmungen, Kanteneinfassungen,
Querbänder zur Absetzung der einzelnen
Stockwerke und der Attika voneinander
unterstreichen die strenge und
symmetrische Gliederung des Bauwerks.

Oben und rechts
Die schlichte Nordfassade der Villa von Celle wird überragt von der Mittelbekrönung
auf der gegenüberliegenden Seite; links sieht man bei diesem Blick aus dem baumbestandenen
Park die kleine Kapelle. Hier befindet sich heute der Haupteingang.

Celle

Die Villa von Celle liegt an einem Hügelhang im gleichnamigen Ort westlich von Pistoia. Hinter dem Eingangstor schlängelt sich eine lange Allee durchs Gehölz bis zum alten Gutshof, an dem vorbei man dann zur Rückseite der Villa gelangt. Ehemals führte der Zugang aus dem Tal herauf und bot schon von weitem einen prächtigen Blick auf die Hauptfassade und die Gärten davor. Man kam dann auf die runde Wiese zwischen den beiden Wachtürmen, von der aus zu beiden Seiten Tore in die zwei Gärten in italienischem Stil führen.

Von gleichen Abmessungen, sind sie von niedrigen Mauern umgeben, deren oberer Abschluß mit Voluten und Schalen aus Terrakotta geschmückt ist. Links liegt ein reizender Gemüsegarten, dessen Hauptallee symbolträchtig zu einer Nische mit einer Statue der römischen Göttin des Obstsegens, Pomona, führt. Rechts gelangt man durch eine Azaleenallee in den zweiten, mit Zitronen- und Orangenbäumen bepflanzten Garten. Von der Wiese aus steigt man über die Prunktreppe mit ihren beiden gekurvten Läufen zur Villa selbst hinauf. Von der mächtigen Terrasse davor schweift der Blick über das Gelände mit der Anfahrtsallee und dahinter das Tal des Rigo.

Genau vor der Hauptfassade erhebt sich aus einem großen runden Becken ein schöner zweischaliger Brunnen. Unter der unteren Schale verstecken sich wie lauernd und zum Zuschnappen bereit drohende Löwenköpfe, während am Becken Delphine mit weit aufgerissenen Augen paarweise ihre Schwänze ineinanderschlingen.

Die schöne ockerfarbene Fassade der Villa ist in drei dreistöckige und durch Quaderpilaster voneinander abgesetzte Baukörper ge-

gliedert. Ein ehemaliger befestigter Landsitz des 15. Jahrhunderts wurde hier im 17. Jahrhundert völlig zur Villa umgestaltet durch die Familie Fabroni, die von einfacher Herkunft war, deren Angehörige sich jedoch in den Türkenkriegen besonders auszeichneten. Ihr Wappen ist am Pilaster links vom Eingang angebracht. Der mittlere Bauteil ist leicht erhöht durch einen giebelartigen Aufsatz mit markantem Umriß, auf dem wiederum Urnen und ein Glockentürmchen aufragen.

Der Charakter der Verfeinerung wird an der Fassade betont durch zahlreiche Details, wie die Umrahmung der Fenster im zweiten Stock mit quadratischen Plättchen, die Ornamente und Muschelaufsätze über dem Hauptportal und die blindfensterartigen Flachreliefrahmungen.

Die Arkaden im Erdgeschoß unter der Treppe führen unmittelbar in die Biblioteca Fabroniana von 1706, die ihren Namen ihrem Auftraggeber verdankt, dem Kardinal Carlo Agostino Fabroni. Der zurückhaltende weiße Deckenstuck und das Blaßgrün der Ausstattung verleihen dem Raum Helligkeit und machen ihn zu einem höchst angenehmen Arbeitsplatz.

Rechts von der Villa kommt man zu einer kleinen, 1703 über dem Grundriß eines griechischen Kreuzes errichteten Kapelle. Die Fassade besteht in einer eleganten Bogenarchitektur in der Art Serlios mit dem Wappen der Fabroni darüber. Über dem Dreiecksgiebel ragt eine kleine Kuppel auf, die in vier Stufen fächerförmig mit flachen Ziegeln gedeckt ist. Der Kapelle gegenüber liegen am jenseitigen Ende der Esplanade die Gebäude des Gutshofes. Von der Kapelle aus sieht man auch die Rückfront der Villa, die wegen des ansteigenden Geländes nur zwei Hauptgeschosse umfaßt. Die Fassade dort greift zwar die Gestaltungselemente der Vorderfront auf, gliedert jedoch die Bauteile bewegter.

Im Osten und Westen der Villa erstreckt sich der riesige baumbestandene Park. Ende des 19. Jahrhunderts hatte Giuseppe Matteini in den Vereinigten Staaten sein Glück gemacht und eine reiche Erbin geheiratet, die Villa erworben und sich zur Anlage eines Parks nach englischer Art entschlossen. Darin entdeckt man auch einen kleinen, heute verlassenen Zoo, einen neogotischen Teepavillon und ein backsteingemauertes Vogelhaus mit einem originellen Spitzdach; eine niedliche Holzbrücke führt über einen schmalen künstlichen See auf eine Art von Schatzinsel. Celle ist eine der seltenen Villen aus dem 17. Jahrhundert, die ihre ursprüngliche Gestalt rein bewahrt haben. Mit den beiden „geheimen Gärten" und dem großen Waldpark im englischen Stil mit seinen originellen Bauten lädt Celle zu beschaulichen Spaziergängen ein. Viele Besucher zieht heute jedoch vor allem die Sammlung moderner Skulpturen an, die im Park ihren Platz fand.

Oben
Der „Privatgarten" mit seinen Zitronen-
und Orangenbäumen wird überragt vom
Treibhaus und vier Säulen am Parkeingang.

Mitte
Das Vogelhaus Bartolomeo Sestinis

Unten
Moderne Skulpturen inmitten gestalteter Natur

Eine kleine Brücke im romantischen
Wald — reines Ziermotiv, denn
ein Wasserlauf ist nicht zu überqueren

Oben
Die kleine Kapelle aus dem 18. Jahrhundert

Mitte
Auf der Insel im See beherbergt
dieser kleine Rundtempel eine Venusstatue.

Unten
Den heute verlassenen kleinen Zoo
umstehen jetzt zeitgenössische Plastiken.

Die Gartenfassade, der Zutaten des 20. Jahrhunderts wie das Dreipaßfenster oder
der Architrav mit floralen Motiven einen verspielten Zug verleihen

Il Riposo dei Vescovi

Unmittelbar nördlich von Florenz erhebt sich unweit der ehemaligen Klosterkirche San Domenico di Fiesole diese heute in Nieuwenkamp umbenannte „Villa Bischofsruhe", deren Name auf die Legende zurückgeht, daß die aus Florenz zurückkehrenden Bischöfe von Fiesole gerne eine Ruhepause in der hier befindlichen *casa colonica* aus dem 14. Jahrhundert eingelegt hätten, ehe sie den beschwerlichen Aufstieg in ihre Stadt fortsetzten.

Vor dem mächtigen Bogenportal des Eingangs mit seinen fein ziselierten Säulen und einem gotisch wirkenden Ungeheuer hat man erst einmal Mühe, das Ganze einer bestimmten Kunstepoche zuzuordnen. Dieses Gefühl wiederholt sich mit mancherlei Überraschungen immer wieder bei einer Besichtigung dieser Villa mit ihrer turbulenten und ungewöhnlichen Geschichte.

Vom 16. Jahrhundert an wurde die bescheidene *casa* als ein Nebengebäude der weiter oben gelegenen Villa Rondinelli-Vitelli genutzt und mit dieser im 19. Jahrhundert an ein Mitglied der Familie Borghese veräußert, das sie umbaute. Dabei blieb das alte Gebäude entlang der Straße mnit seinem Turm erhalten, und man setzte im rechten Winkel einen neuen Bau daran, der zum Hauptgebäude wurde. Die Fassade gestaltete man als doppelstöckige Loggia mit Bogen über Pfeilern im Erdgeschoß und Säulen unter einem geraden Sims im ersten Stock. Aufgrund des ansteigenden Geländes hat die Villa unterschiedliche Ebenen. Ende des 19. Jahrhunderts nahm der schweizerische Architekt Zürcher eine Reihe von eher ausgefallenen

Oben
Blick vom Eingang auf die im 19. Jahrhundert im
Geist der Renaissance neu gestaltete Vorderfront

Dieser Buddha aus dem Orient
ist der wahre *genius loci*
in Nieuwenkamps Paradies.

Nieuwenkamp begnügte sich nicht
damit, Kunstgegenstände aus
dem Fernen Osten heranzuschleppen,
sondern schuf auch selbst
entsprechende Motive nach eigener
Phantasie und brachte in einem
gewissen Größenwahn überall
das Entstehungsdatum an
(hier 1933).

Veränderungen vor; so setzte er zum Beispiel auf den Turm eine Art von Chalet. 1926 erwarb den Besitz die Familie Francioni, in deren Händen er noch heute ist.

Im gleichen Jahr nahm hier der holländische Maler W. O. J. Nieuwenkamp seinen Aufenthalt, ein Schüler Gauguins und eine ungewöhnliche Persönlichkeit. Weiterhin viel auf Reisen zwischen Europa und Indonesien, entschloß er sich aufgrund seiner Vorliebe für Italien, hier ein Privatmuseum einzurichten, und stattete bis zu seinem Tode 1950 die Villa in stark fernöstlich geprägtem Stil aus. Aus Indonesien schaffte er ganze Schiffsladungen von Skulpturen, Reliefs und sonstigen Kunstgegenständen herbei, zum Teil aus seiner dortigen Privatsammlung, und füllte damit ganz nach persönlichem Geschmack die Villa.

Gleich rechts neben der Eingangstür stößt man so zu seiner Überraschung auf einen großen Bronzegong, mit dem die Hausangestellte zum Essen rief. Das Vestibül ist geschmückt mit balinesischen Keramikreliefs und auf große Marmorspiegel in arabischem Stil, mit schönen Arabesken versehen und von Nieuwenkamp, dessen Initialen sie tragen, persönlich geschaffen. Die Familie Francioni, die einem wahren Nieuwenkamp-Kult huldigt, hütet als kostbaren Schatz das Skizzenbuch des Meisters, in dem jeder Winkel der Villa festgehalten ist und jede Ergänzung, die er vornahm, und das außerdem zahlreiche Zeichnungen mit Landschaften und Volksszenen aus Indonesien und Italien enthält. Die meisten Türen der Villa sind mit steinernen Bogenstürzen versehen, die in geometrischen Mustern verziert sind. Überall erinnern Teppiche, Truhen, Geschirr und Kleinobjekte an den Orient. An den Wänden und auf den Kaminen sind unter Verzicht auf eine logische Zusammenstellung zahlreiche Reliefs, Plastiken und Medaillons italienischer und indonesischer Herkunft (Putten, Engelsköpfe, Madonnen usw.) aufgehängt und aufgestellt, zusammengekauft bei den Antiquaren von Florenz.

Aus dem Vestibül kommt man in einen großen, mit verglasten Rundbogenöffnungen versehenen Raum, der hinausgeht auf ein großes Becken mit grünlichem Wasser, an dessen jenseitigem Rand ein Brunnenbecken in Form eines antiken Sarkophags steht. Wenn man von dort einen Blick auf die Rückfront der Villa wirft, wirkt sie mit ihren Treppen und Dächern und ihrem Nebeneinander von Back- und Naturstein, Marmor und Ziegeln eher verworren. Links öffnet sich vor dem Salon eine kleine Spitzbogenloggia in gotischem Stil, deren Säulen ionische Kapitelle tragen.

Rechts vom Wasserbecken kommt man an einer Bambuspflanzung vorbei in den Park, der sich ins Unendliche zu erstrecken scheint. Eine Allee führt dort zur Seitenfront der Villa, deren Boden niedriger liegt als jener der Eingangsseite. Über eine Treppe gelangt man auf eine große, von einer Balustrade abgeschlossene Terrasse mit einem kleinen Brunnen; von hier aus kann man den ganzen Park überblicken, der am Hang gelegen ist. Zum Teil im 19. Jahrhundert angelegt, wurde er von Nieuwenkamp zwischen 1926 und 1935 erweitert. Er wird von einer bis zur Umfassungsmauer verlaufenden

Das Bassin vor der Fensterfront des großen Salons an der Rückseite
der Villa; von der das Erdgeschoß krönenden, durch eine Balustrade
abgeschlossenen Terrasse führt als Wasserablauf eine
Terrakottaröhre in Form eines Bambusstammes herunter.

Die Glyzinienpergola im Garten, in der sich nach
den im 16. Jahrhundert für die toskanischen Gärten
entwickelten Prinzipien Kunst und Natur ergänzen

Oben
Der Brunnen in der Umfassungsmauer am Ende der Promenade

Unten
Die großartige Flucht der hangabwärts verlaufenden Hauptallee mit dem
orientalisch wirkenden ziselierten Brunnen auf der zweiten Terrasse

Dieser besonders malerische Winkel des Gartens vereint so
gegensätzliche Elemente wie eine typisch toskanische Glyzinienpergola,
eine von Nieuwenkamp aus verschiedenen Materialien geschaffene
Begrenzungsmauer, Grabsteine und etruskische Terrakottaurnen.

Links
Im unteren Teil des Gartens erhebt sich diese kannelierte
Säule merkwürdigerweise mitten auf der Hauptallee, um auf
die hier verlaufende vierte Querterrasse zu verweisen.

Zypressenallee in zwei Hälften geteilt und von Querachsen weiter
untergliedert. Die Kreuzungspunkte sind jeweils durch eine Terrasse
betont; auf der ersten davon schauen zwei Frauenbüsten nachdenk-
lich auf den Besucher herunter, auf der zweiten erhebt sich ein orientalisch wirkender Brunnen, und auf der dritten wird der Blick zur
Seite gelenkt auf eine glyzinienumrankte Pergola neben einer rasen-
bedeckten Fläche zum Tennisspielen. Diese wird begrenzt von einer
Mauer, auf der große etruskische Graburnen aus Terrakotta stehen,
Zeugen von Nieuwenkamps Ausgrabungen im antiken Theater von
Fiesole. Zur Hauptallee zurückgekehrt, kommt man am Obst- und
am Gemüsegarten vorbei zu einer vierten Ebene, die eine Art von el-
liptisch angelegter Lichtung bildet, die von hohen Zypressen umstanden und durch drei kannelierte Säulen betont ist. Auf der fünften Ebene schließlich endet die Allee vor einem in die Umfassungsmauer der Besitzung eingelassenen Brunnen.

Von der Straße aus versteckt sich die Fassade hinter Olivenbäumen und hohen Pinien. Links ist die von Hecken gesäumte Allee zu erkennen, die längs der Wirtschaftsgebäude zur Villa führt, rechts die Terrasse mit ihrem prächtigen Blick ins Arnotal.

Rechts oben
Dieser 1744 von Giuseppe Zocchi geschaffene und im Kupferstichkabinett der Uffizien in Florenz aufbewahrte Stich zeigt, daß sich das Aussehen der Villa seit dem 18. Jahrhundert kaum verändert hat.

Villa di Gamberaia del Sig.ʳ Marchese Scipione Capponi

Gamberaia

Nordöstlich von Florenz blickt von einem Hügel bei Settignano die Villa Gamberaia ins Land, zu der man nach Durchschreiten eines breiten Portals über eine Zypressenallee gelangt, die auf einem freien Vorplatz endet.

Das ursprüngliche Landgut des 14. Jahrhunderts inmitten von Äckern und Weinbergen gehörte den Benediktinerinnen von San Martino a Mensola wurde 1610 von Zanobi di Andrea Lapi erworben, der es in eine dieses Namens würdige Villa mit Nebengebäuden umwandelte. Das um einen Innenhof geschlossene Gebäude mit nur einem Obergeschoß ist durch Doppelarkaden verbunden mit einer kleinen, in die Nebengebäude einbezogenen Kapelle auf der einen und mit dem großen Südgarten auf der anderen Seite. Die cremefarbene Fassade ist geprägt von großer Schlichtheit und gegliedert nur durch die Sockel und Gesimse der Fenster und des Balkons aus *pietra serena* sowie die Bossenquaderrahmungen an den Gebäudekanten und am Hauptportal auf der Westseite.

Hier, auf der ehemaligen Hauptzugangsseite, erstreckt sich eine große Rasenfläche, begrenzt von einer Brüstung mit Urnen und steinernen Hunden und Löwen darauf. Von hier oben umfaßt der Blick das ganze Arnotal, getaucht in bläuliches Licht, und im Vordergrund die grünen, von Olivenbäumen und Zypressen übersäten Hügel. Biegt man um die Ecke des Hauses, so erreicht man seine Südseite mit einer reizenden, in die Wand des Obergeschosses eingezogenen Loggia, zu deren Füßen der großartige Garten liegt.

Der herrliche Garten vor der Südfassade: überall ergänzen
rosafarbene Azaleen und Geranien mit ihren Farbtupfen
das dominierende Grün der Buchshecken.

"Überall hier herrschen Regelmäßigkeit und Schönheit,
Luxus, Ruhe und Sinnenlust" (Baudelaire).

Oben: Gesamtansicht vom halbrunden Seerosenbecken aus

Unten: Die Halbkreiswand aus gestutzten Zypressen

115

Versteckt in den Nischen der dichten Buchsmauern,
entdeckt man entlang der Mittelallee
entzückende steinerne Putten.

Rechts
Von der Loggia aus überschaut man einen der
idyllischsten „hängenden Gärten" der Toskana.
Von ihm aus schweift dann der Blick über das
Silbergrün der Olivenbaumpflanzungen,
die ockerfarbenen Felder und die endlos in
blaugrauem Dunst sich erstreckenden Hügel—
eine Landschaft, die so meisterhaft
wiedergegeben wurde von Malern wie Raffael,
Bellini oder Pinturicchio.

In seiner heutigen Form zwischen 1905 und 1913 im Auftrag der
Fürstin Giovanna Ghyka von Martino Porcinai und Luigi Messeri angelegt, entzückt dieser Garten durch seine strenge Geometrie und
seine vielfachen Perspektiven, die ihn wesentlich größer wirken lassen, als er tatsächlich ist. Geschützt von hohen Buchshecken ist er
mit seinen Wasserflächen in vier längliche Parterres unterteilt und bestanden von genau plazierten, sauber gestutzten Eiben.

Längs der Mittelachse mit ihrem Kieselmosaik kommt man an
den Bassins mit ihren kleinen Springbrunnen vorbei, deren Umran-
dungen mit großen Blumenvasen besetzt sind und von großen steinernen Hunden bewacht werden. Der Brunnen in der Mitte, der wie
ein steinerner Pilz wirkt, ist von einer niedrigen Heckenrundung mit
halbkugeligen Erhöhungen umgeben. Den Abschluß bildet ein großes halbkreisförmiges Becken, apsisartig umrahmt von einer mit Arkaden versehenen Wand aus gestutzten Zypressen.

Der Weg zurück zur Villa führt längs eines endlos scheinenden
Rasenbandes, das zur Rechten von einer hohen Mauer begrenzt

Oben
Von der Grotte führt diese Treppe
in den Zitronenbaumgarten.

Rechts unten
In eindrucksvoller Perspektive
verläuft die lange Rasenallee vom Ende
des Südgartens aus (im Hintergrund)
erst die Villa entlang und dann
an den Wirtschaftsgebäuden
(im Vordergund) vorbei, die
mit dieser durch eine
große Doppelarkade
verbunden sind.

Rechts gegenüber
In die mit Muscheln und Mosaik
aus kleinen Steinchen gezierten
Wände der Rhododengrongrotte
sind einige Nischen eingetieft,
in denen Terrakottafiguren
toskanischer Bäuerinnen stehen.

wird, die einst mit Fresken geschmückt war. In der Achse des Osteingangs eine kleine Allee führt zu einer halbrund vertieften Grotte, umstanden von Rhododendronbüschen in großen Kübeln, deren rosa- und lilafarbene Blüten einen Kontrast zum Grau der Stein- und Muschelwand dahinter bilden. Die Grotte ist von einer Balustrade umgeben, über ihr ragen steinerne Büsten und Terrakottagefäße auf, und zu beiden Seiten führen Treppen in die Höhe. Auf der linken davon gelangt man in einen Garten mit eingetopften Zitronenbäumen und einem für sie bestimmten Gewächshaus, das ebenso wie die Grotte noch aus dem 17. Jahrhundert stammt. Wenn man sich beim Verlassen dieses sonnigen Platzes rechts hält, kommt man in einen kleinen Eichenhain mit schattigen Wegen, die unmittelbar hinter dem schmalen Block der Nebengebäude auf den langen Rasenstreifen münden.

Setzt man seinen Spaziergang fort, so kommt man zu einem von Zypressen beschatteten Freiplatz, den eine mit Muscheln und Kieselmosaik geschmückte und mit Ruhebänken versehene Wand abschließt. Eine bogenbekrönte Nische in ihrer Mitte birgt eine Statue Neptuns. Mit seinem Dreizack in der hand erhebt sich der Gott auf einem bemoosten, von Wasser überrieselten Fels, wie um uns daran zu gemahnen, daß unser Rundgang hier sein Ende findet.

Die Villa selbst ist ein wahres Schmuckkästchen, das sich mit seiner schlichten und glatten Fassade aufs schönste in das Ensemble der Gärten fügt, dessen Höhepunkt unbestreitbar das Südparterre ist. Obwohl neueren Datums, entspricht er doch weitestgehend der Stimmung der toskanischen Renaissance und darf hier als ein Musterbeispiel für vorzügliche Pflege genannt werden. Darüber hinaus bietet die Villa Gamberaia einen Panoramablick auf die umliegende Landschaft, der unvergeßlich bleibt.

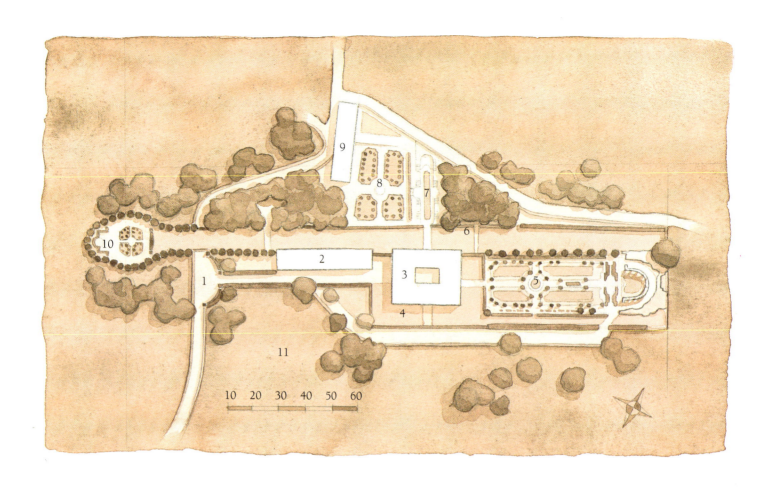

Plan der heutigen Anlage der Villa
Gamberaia, nach G. Mader und L. Neubert-Mader,
Italienische Gärten,
Stuttgart 1987: 1) Eingang, 2) Wirtschaftsgebäude, 3) Villa,
4) Terrasse, 5) Garten, 6) Rasenallee,
7) Rhododendrongrotte, 8) Zitronenbaumgarten,
9) Gewächshaus, 10) Neptungrotte,
11) Olivenbaumpflanzung

Rechts
Den Garten beschließt
dieser schattige Hain, wo man sich
von seinem ausgedehnten Spaziergang
erholen und die erfrischende
Kühle der Neptungrotte
genießen kann.

Die elegante Nordfassade mit ihrem Barockzierrat, der sich
im Osten die den Garten begrenzende Mauer anschließt

La Pietra

An der aus dem Stadtzentrum von Florenz hinausführenden Via Bolognese befindet sich in der Nummer 120, keine zwei Kilometer vom früheren Stadttor von San Gallo entfernt, der Eingang zum Park um die Villa La Pietra. Hinter dem imposanten Einfahrtsportal führt eine lange zypressengesäumte Allee durch Olivenhaine zur Villa selbst, deren Fassade hinter einem kleinen, von einer niedrigen gehaltenen Hecke mit gestutzten Bäumen darüber umrahmten halbrunden Vorplatz aufragt.

Der alte Landsitz aus dem 14. Jahrhundert kam im 15. in die Hände der Sassetti, großer Mäzene und Bankiers in den Diensten der Medici, und hundert Jahre später verkauften sie ihn an die Familie Capponi. Zu Anfang des 17. Jahrhunderts entschloß sich Kardinal Luigi Capponi, vormals päpstlicher Legat, sich nach La Pietra zurückzuziehen und der Villa ein damals modernes, also barockes Gesicht zu verleihen. Dabei behielt das Gebäude zwar seine Proportionen und auch den Grundriß einer Vierflügelanlage um einen Hof bei, aber sein Äußeres wurde durch die Architekten Carlo Fontana und Giuseppe Ruggieri, die vorher schon das Stadtpalais der Familie erbaut hatten, vollkommen verändert. Sie versahen dazu, ohne die früheren Gestaltungselemente im Erdgeschoß zu entfernen, die Fassade mit barocken Motiven wie den Fenstergiebeln und -gesimsen aus *pietra serena*, den schmiedeeisernen Balkonen im ersten Stock und der urnengeschmückten Balustrade als oberem Abschluß. Der mit einem Brunnen geschmückte Innenhof wurde ebenfalls verändert: er wird eingedeckt und zum Einbau einer kühnen freitragenden

Vorige Seite und oben
Die Südfassade zum Garten hin vereint glücklich
Renaissance- und Barockmotive: über dem Portal mit seinem
Rustikarahmen aus dem 16. Jahrhundert brachte man im 17.
einen profilierten Giebel und darüber einen schmiedeeisernen
Balkon an, das Ganze bekrönt vom Wappen der Capponi.

Rechts oben: Von dem die Terrasse, als erste Ebene, begrenzenden
Mäuerchen blicken barocke Statuen auf das Westparterre hinunter.

Rechts unten: Die zahlreichen mythologischen Figuren des
Gartens stellen eine zu Stein erstarrte und ein wenig
beunruhigende Wachmannschaft dar.

Oben
Das Innere der im
baumbestandenen Park versteckten
und als Sommerpavillon
genutzten Grotte ist
verschwenderisch dekoriert
mit Steinmosaik, Kieseln und
allerlei Muscheln.

Unten
In den ehemaligen Wirtschaftsgebäuden
der Villa hat man vorläufig diese
beiden Holzskulpturen untergebracht.

Oben
Die umfangreiche Bibliothek
Sir Harold Actons,
eines bedeutenden Gelehrten

Unten
Jeden Winkel der Villa besetzt
eine wertvolle Sammlung
von Antiquitäten.

Die weite Pergola, in der die elfenbeinfarbenen
Banksrosen ihren Duft verströmen

Treppe auf elliptischem Grundriß genutzt. Dagegen blieben im Inneren viele Räume, deren Wölbungen stets das Wappen der Sassetti tragen, unverändert wie im 15. Jahrhundert. Rechts der Villa folgt man einer glyzinienüberrankten Mauer, auf der merkwürdige antike Statuen stehen, und gelangt dann, neugierig geworden, in einen überraschenden Garten als erster Etappe eines an Entdeckungen reichen Rundgangs. In einem klassischen Buchsparterre hat man in bunter Mischung große Steinstatuen von Göttern und Göttinnen aufgestellt. Längs der Balustrade, welche die Terrasse zum Erdgeschoß hin begrenzt, posieren in großer Drapierung Athene und Bacchus, Herkules und Apoll. Man kommt sich vor wie auf einer großen Theaterbühne, auf der die Mimen gerade in antiken Kostümen spielen.

Als Arthur Acton, der Vater des jetzigen Eigentümers, diese Villa zu Beginn unseres Jahrhunderts erwarb, war der Park in englischem Stil angelegt, und er entschloß sich, ihm ein wieder stärker toskanisches Gesicht zu geben in der Art, wie er vielleicht im 17. Jahrhundert gewesen sein mochte. Er gliederte also den Garten völlig neu und richtete ihn in drei Stufen den Hang hinab auf die vom Hauptportal ausgehende Mittelachse aus. Während seines ganzes Leben war er außerdem darum bemüht, eine Sammlung von Statuen, Skulpturen und Architekturstücken des 17. und 18. Jahrhunderts zusammenzutragen, die er nach seinen eigenen Vorstellungen im Garten verteilte.

Die Erdgeschoßterrasse geht, gesäumt von der Balustrade mit ihren zahlreichen Statuen und Blumenschalen, um die ganze Villa und stellt die oberste Gartenebene dar. Von ihr aus kommt man über zwei Treppen auf der Rückseite der Villa auf die nächste, gerahmt von einem Mäuerchen, das wiederum mit Statuen bestückt ist, und von hohen Zypressen. Hier liegt inmitten eines Parterres aus konisch gestutzten Hecken ein reizender Brunnen in einem Seerosenbecken. Weiter unten kommt man dann über eine breite mosaikgepflasterte Treppe nach Durchquerung einer von Banksrosen überspannten Säulenpergola auf eine Terrasse, auf der beidseits je eine Statue neben zwei mit einem halben, zum Gegenstück geöffneten Sprenggiebel verbundenen Säulen steht. Von hier geht der Blick über die letzte Ebene: ein Buchsbaumparterre in konzentrischen Ringen mit einem runden Becken um einen Brunnen wird abgeschlossen von einer Pergola, gebildet von einer Reihe korinthischer Säulen.

Von dieser Hauptachse gehen zahlreiche Querwege ab, die ihrerseits wiederum zu mancherlei bühnenartigen Szenerien und runden heckenumschlossenen Freiplätzen führen, auf denen sich teils freistehende Statuen finden und teils solche, die von einer architektonischen Umrahmung (wie etwa einem Bogen aus *pietra serena*) oder einer natürlichen (zum Beispiel einer Nische aus Buchs) zu besonderer Geltung gebracht werden. Diese intimen, abgeschlossenen Plätze laden zur Besinnung oder auch zum fröhlichen Scherzen ein und lassen den Besucher von Szenen träumen, in denen er die Hauptrolle spielt. Ganz nach Laune kann er hochtrabende Reden führen mit den venezianischen Kurtisanen und Höflingen, die von Francesco

Bonazza gemeißelt wurden und einem Stück von Goldoni entstiegen zu sein scheinen; oder in Verzückung geraten vor einer aus dem Wasser aufsteigenden Venus, die vom berühmten Gemälde Botticellis inspiriert ist; oder dem von Orazio Marinali geschaffenen riesigen Herkules, der traurig herniederschaut, ein paar tröstende Worte sagen; oder Anteil nehmen am Schicksal der von Apollo verfolgten Daphne, die ihm vergeblich durch ihre Verwandlung in einen Lorbeerbaum zu entkommen hofft; oder schließlich auch in seinem kleinen Rundtempel Gott Amor dabei ertappen, wie er zärtlich Psyche küßt.

Besonnte Lichtungen wechseln mit schattigen Wäldchen, doch überall mischt sich in das Grün der Bäume, Hecken und Wiesen das Grau von Statuen, Säulen und Bogenarchitekturen. Höchst selten nur wird durch die Farbtupfer von Blumen die Harmonie dieser beiden Farben unterbrochen, die den phantastischen Charakter all dieser Perspektiven und das wahrlich Außergewöhnliche der Szenerie noch unterstreicht. Diese immer wieder neuen Bühnenbilder sind geprägt von einer gewissen Melancholie, die vielleicht auf das englische Temperament der Actons zurückgeht und zum poetischen Herumschweifen einlädt.

Wenn man dabei seinem Instinkt folgt, wird man eine Überraschung nach der anderen erleben. Der Garten ist riesig, und man kann sich darin verirren; doch hügelaufwärts findet man stets wieder zur Villa zurück.

La Pietra ist ein seltenes Beispiel für den geglückten Versuch, in unserer Zeit einen Park des 17. Jahrhunderts in all seiner Pracht neu zu schaffen. Als theatralischer Garten im wahrsten Sinne verbindet er, geprägt vom sehr persönlichen Geschmack seines Besitzers, der diesem außergewöhnlichen Ort zu einer Wiedergeburt verhelfen konnte, auf das glücklichste „natürliche Natur" und „künstliche Natur".

Links oben
Eines der zahlreichen raffiniert
gestalteten „Freilicht-Bühnenbilder"
des Gartens

Oben
Der Triumph des „inszenierten Gartens":
jedes Einzelelement, sei es nun
skulpturalen, architektonischen
oder natürlichen Charakters, ist
sorgfältig in Szene gesetzt.
Dieser schöne halbrunde Portikus
beschließt den Garten.

I Tatti

Die Villa I Tatti liegt im Nordwesten von Florenz nicht weit von der Villa Gamberaia. Nach Überquerung des kleinen Flüßchens Mensola kommt man zu dem schmiedeeisernen Portal, dem einstigen Haupttor, von dem aus in eindrucksvoller Perspektive eine Allee zur rechten Seite der Villa führt. Dort umrundet man die Besitzung und tritt von links her in den Vorhof, der von den alten Nebengebäuden umstanden ist.

Rechts öffnet sich in der glyzinienberankten Begrenzungsmauer der Eingang in den kleinen „Privatgarten". Geschmückt mit einem Buchs- und Heidekrautparterre endet er in einer eleganten Folge volutenbekrönter Bögen, deren Mittelnische ein von einer grinsenden Fratze verteidigtes Rundbecken ziert. Geradeaus kommt man über eine kleine Treppe an der Westfassade der Villa entlang, deren schöne ockergelbe Farbe das Sonnenlicht zurückwirft. Man tritt in den Schatten hoher Bäume, bewundert die mächtigen Schalen mit Azaleen in leuchtenden Farben und sucht nach dem Hauseingang; doch vorher noch wird der Blick gefesselt durch eine Eichenallee, die in sanftem Gefälle abwärts führt. An ihrem Ende ist ein im Wald an schattigem Platz verstecktes Becken mit Statuen und einer in den Himmel ragenden Wölbung aus ineinandergeflochtenen Metallstreifen bestückt. Diese Allee scheint sich weniger an den schnurgeraden italienischen zu orientieren, die gewöhnlich auf den Villeneingang zulaufen und dem Geländeausgleich dienen, als an englischen Park-

Oben
Vom „geschlossenen Garten" vor der Südfassade kommt man durch eine Passage unter der Orangerie in das heutige Parterre.

Links
Vor der Ostfassade der Villa I Tatti begrüßte man einst die Gäste, die über die Hauptallee eintrafen.

Ansicht der Südfassade aus dem Garten des
15. Jahrhunderts, jener paradiesischen Stätte,
welche die Humanisten der Renaissance rühmten als
hortus conclusus.

Rechts
Der von Buchsbaumparterres rund um hohe Olivenbäume
geprägte und von vielen farbenfrohen
Blumenrabatten gezierte Garten

wegen, die sich ohne genaues Ziel dahinzuschlängeln scheinen und sich dem Gelände anpassen.

An der Südwestecke der Villa nimmt man in einer glyzinienbewachsenen Mauer eine kleine Pforte wahr. Sie führt in einen entzückenden Garten, von hohen Mauern umschlossen und im Süden von einer Orangerie begrenzt. Die Parterres dieses Gartens (er geht als einziger hier bis in das 16. Jahrhundert zurück, als der Besitz der Familie Zatti gehörte) zwischen der Südfront der Villa und der Orangerie werden ergänzt durch Zitronenbäume mit knallgelben Früchten in hohen Terrakottatöpfen und durch bewegte Statuen vor blauem Lavendelgesträuch. Das Dach der Orangerie ist mit Geranienschalen bestückt; wenn man durch ihren großen, von Efeu überwucherten und von hohen Urnen geschmückten Mittelbogen tritt, bietet sich ein überwältigender Anblick.

Mächtige Zypressenwände schirmen einen langgestreckten Garten mit Parterren in verschiedenen geometrischen Formen aus mannshohen Buchshecken ab. In ihn steigt man über eine Treppe mit zwei gekurvten Läufen hinab, die ein reizendes Brunnenbecken umschließen; die Hauptallee, die man nun betritt, schmückt ein fein gezeichnetes Kieselmosaik. In Stufen geht man an den Buchsparterren vorbei bis zu einer Rasenfläche, in die zwei Seerosenbecken eingelassen sind und von der aus eine doppelläufige Treppe weiter in ein Wäldchen mit immergrünen Eichen führt. Lange Bankreihen laden dazu ein, sich niederzulassen und den Blick zur Villa schweifen zu lassen, die sich als Farbtupfen abhebt von den verschiedenen Grüntönen der hohen Zypressen, des Efeus über der Orangerie und der Buchsparterre.

Dieses erstaunliche Ensemble wurde in allen Einzelheiten zwischen 1908 und 1915 von zwei englischen Landschaftsgärtnern ent-

Die Allee längs der Ostfassade mit den eingetopften Zitronenbäumen
ist ein fester Bestandteil der toskanischen Gärten. Als einer der
„Bäume mit den goldenen Äpfeln" im mythischen Garten der Hesperiden
wurde der Zitronenbaum stets als Symbol des ewigen Frühlings betrachtet.

worfen, Cecil Pinsent und Geoffrey Scott, die die neuen Konzeptionen des vom italienischen Renaissancegartens beeinflußten architektonischen Gartens nach Italien brachten. Beauftragt hatte sie der Besitzer der Villa, der bekannte amerikanische Kunsthistoriker und Kunstsammler Bernard Berenson (1865-1959). Dieser hatte, schon seit 1887 in Europa ansässig, 1905 die Villa I Tatti entdeckt und beschlossen, sie zu restaurieren. Das Villengebäude, auf Vierflügelgrundriß um einen Innenhof, wurde daher zu Anfang des Jahrhunderts umgebaut, um ihm wieder das ehemalige Aussehen im 16. Jahrhundert zu geben. Der Garten war, ausgenommen sein kleiner Teil hinter der Orangerie, in keiner Weise gestaltet. Berenson ließ sich inspirieren von einem zu Beginn des Jahrhunderts den Villen und Gärten Italiens gewidmeten Kultbuch, das alle englischsprachigen Italienliebhaber tief beeinflußte: Edith Whartons *Italian villas and their gardens*, 1903 in New York erschienen.

Zitieren wir Berenson selbst mit einer Beschreibung dieses Gartens, den er sein ganzes Leben lang leidenschaftlich liebte: „Ich habe auch einen Garten, in dem ich mindestens einmal täglich spazierengehe, wenn es nicht gerade in Strömem regnetm, um die Luft einzuatmen, den Vögeln zu lauschen, dem Murmeln des Wassers zuzuhören und die Bäume und Blumen zu bewundern (...) Jeden Tag frage ich mich bei ihrer Betrachtung, was denn am Vortag wohl mit meinen Augen los gewesen sei, daß sie nicht die besondere Schönheit dieses von Flechten überzogenen Baumstammes wahrgenommen hatten, der ebenso schön ist wie die Mosaiken der Azteken oder Mayas, oder auch jenes zarte Moos, das den Augen ebenso wohltut wie die Grüntöne eines Giorgione oder Bonifazio."

Als Fachmann für die italienische Renaissance hat Berenson mit seinen zahlreichen Veröffentlichungen (so etwa *Italian painters of the Renaissance*, vier Bände, 1894-1907; *Drawings of the Florentine Painters*, drei Bände, 1938) stark zur wachsenden Bekanntheit der Werke des fünfzehnten Jahrhunderts beigetragen, vor allem in den Vereinigten Staaten. Er selbst hat eine prächtige Sammlung von Gemälden des 14. und 15. Jahrhunderts zusammengetragen (von Giotto, Bernardo Daddi, Simone Martini, Giovanni Bellini usw.) und auch eine umfangreiche Bibliothek.Bei seinem Tode 1959 hinterließ Berenson die Villa und ihre Schätze der Harvard-Universität, an der er studiert hatte. Als Zentrum für Geschichte und Kunst der italienischen Renaissance zieht sie heute Studenten und Forscher aus aller Welt an.

I Tatti bewahrt seinen Zauber, der geprägt ist von der Zuneigung, die sein Besitzer dafür hatte und die auch dessen Schüler teilen. Als Ort der Besinnung ist es zugleich eine Hymne an die Schönheit und an das Ideal der italienischen Renaissance.

Oben
Die lange zypressenbesetzte Allee
mit ihrer eindrucksvollen perspektivischen
Wirkung führt vom alten Eingang
(im Hintergrund zu erkennen)
zur Ostfassade.

Links
Das efeuumsponnene Gebäude der
Orangerie trennt den Garten des
15. Jahrhunderts, auf den man durch
den großen Mittelbogen schaut,
vom modernen Parterre.
Auf der Brüstung der gekurvten
Treppe hat man hie und da
steinerne Obstschalen aufgestellt
als Symbole für die freigiebig
verteilten Segnungen der Natur.

Das großartige Südparterre, hinter dem im Dunst
die Silhouetten der beiden einzelnen Zypressen aufragen,
die — umgeben von den Häusern von San Martino a
Mensola — die Mittelallee zu verlängern scheinen.

Rechts oben
Von unten umfaßt der Blick die vollkommene Symmetrie
des Parterres, die beherrscht wird von der Fassade der Villa
zwischen den beiden Reihen von Zypressen.

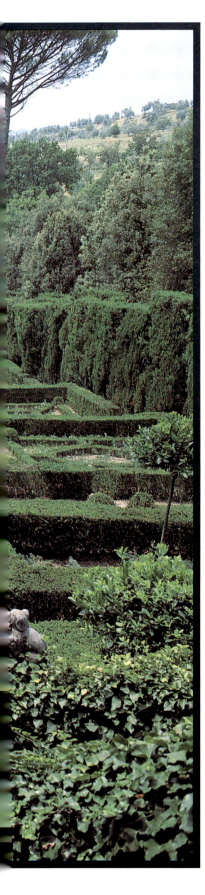

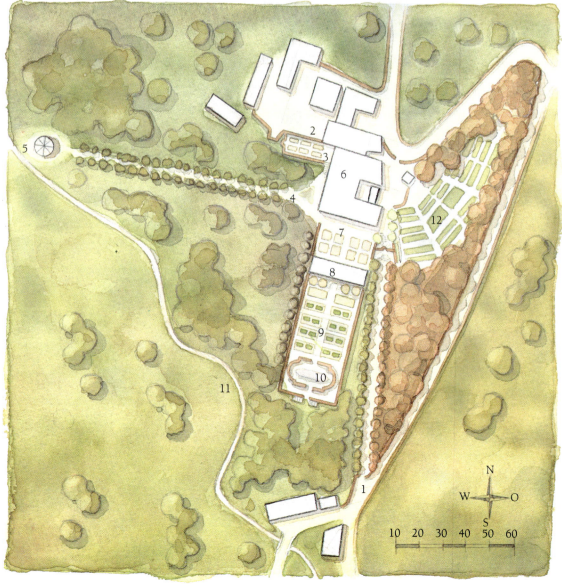

Rechts:
Grundriß nach Mader/
Neubert-Mader: *1) Ehem. Eingang,*
2) heut. Eingang, 3) „Maskengarten",
4) Eichenallee, 5) Bassin, 6) Villa,
7) Garten des 15. Jhdts., 8) Orangerie,
9) modernes Parterre, 10) Bassins,
11) Mensola, 12) Gemüsegarten

N
W · O
S

10 20 30 40 50 60

Die von Pietro Porcinai geschaffene eindrucksvolle Tiefgarage
unter dem „hängenden Garten" mit ihrer Kieselsteinpflasterung
unter den Flachkuppeln und dem Treppenschacht

Rechts oben
Die Westfassade der Villa Il Roseto im sanften Licht der
untergehenden Sonne

Il Roseto

Südlich von Florenz versteckt sich in Arcetri die Villa Il Roseto („Der Rosengarten"). Hinter dem Eingangstor kommt man in eine in unserer Zeit unter dem Garten angelegte Tiefgarage. Die in Flachkuppeln gewölbte und mit strengen geometrischen Motiven zurückhaltend bemalte Decke des geschwungenen Raumes wird getragen von roh belassenen Betonsäulen. Er wird freundlich erhellt sowohl von der weit geöffneten rechten Seite aus, die auf den großen Garten hinausgeht, als auch von Oberlichtern in den Kuppeln. Durch eine von diesen ragt wie in einem surrealistischen Effekt der Stamm eines großen Baumes, dessen Oberteil sich den Blicken entzieht und der in einer ummantelten Erdaufschüttung in der Garage selbst wurzelt. Neugierig geht man auf den großen Lichtschacht zu, den das luftige Gestänge um die Treppe bildet, an dem die herunterhängenden Efeustränge wirken wie ein dünn herunterrieselnder Wasservorhang. Den Eindruck von Luftigkeit und Frische verstärkt noch ein kleiner Brunnen.

Über die Wendeltreppe mit ihrem schmiedeeisernen Geländer kommt man in den „hängenden" Garten vor der Villa. 1985 beauftragte die Eigentümerfamilie Benelli den Architekten und Landschaftsgestalter Pietro Porcinai (1910-1986) mit der Anlage notwendiger Parkplätze, wobei jedoch der Gartenanteil keine Einbuße erleiden sollte. Porcinai, dessen Vater den Garten der Villa Gamberaia schuf, wurde früh in die Kunst des Gartens nach italienischer Art eingeführt und hat sie gleichermaßen in Italien, in den Vereinigten Staa-

Oben
Einer der vielen blumengesäumten
Wege, die das abschüssige Gelände des
riesigen Gartens durchziehen

Links
Die Westfassade vom Parterre
Porcinais aus; rechts die kreisförmige
Hecke, hinter der sich der Eingang zur
Tiefgarage verbirgt.

ten, in Spanien und Saudi-Arabien verwirklicht. Inspiriert von den Grotten des 16. und 17. Jahrhunderts hatte er die kühne Idee, diesen Teil des Gartens anzuheben und sozusagen diese Garage darunterzuschieben. Anschließend hat er den Garten nach dem Muster von Renaissancegärten neu angelegt mit Buchsparterren und Rasenflächen, die den Umriß der Kuppeln darunter aufgreifen.

Große Blumentröge fügen farbige Akzente in das dominierende Wechselspiel zwischen den grünen Rasenrundflächen und dem Grau ihrer geriefelten Betonumrandungen. Große Eichen sorgen für etwas Schatten auf dieser sonnigen Terrasse. Von den seitlichen Brüstungen aus und vom dem etwas niedriger gelegenen Balkon, der vor einem runden Wasserbecken diesen Höhengarten abschließt, hat man eine prächtige Aussicht auf die umliegenden Hügel, Florenz im Norden und im Vordergrund den großen, im Süden gelegenen Hanggarten.

Zugleich mit der Anlage der Garage hat man in die lachsfarbene Gartenfassade im Westen einen neuen Eingang im Stil eines Bossenquaderportals der Renaissance gebrochen. Auf der Nordseite blieben von dieser alten Villa des 17. Jahrhunderts, die sowohl im 19. wie auch im 20. Jahrhundert starke Eingriffe erlebte, die Fassade mit den zwei Hauptgeschossen erhalten und die Fenster im Erdgeschoß mit ihren Konsolen und Gesimsen aus *pietra serena*.

Im Inneren haben die weiten und hellen Räume ihren Renaissancecharakter bewahrt mit Portaleinfassungen aus *pietra serena*, kleine Türen und hölzernen Kassettendecken. Holz beherrscht auch das Vestibül mit einem mächtigen Tisch und einem wunderbaren mahagonibraunen Bücherschrank voller wertvoller alter Bände. Dieser rustikale Charme wird betont durch eher dunkle Teppiche, Kupferstichporträts junger Frauen und Wandteppiche mit musizierenden Satyrn. Im in Pastellfarben gehaltenen Salon findet man ein Ziertischchen mit alten geschliffenen böhmischen Gläsern darauf und Gemälde auf Holz aus dem 14. und 15. Jahrhundert. Alle Zimmer wurden von den kunstliebenden Eigentümern geschmackvoll möbliert, die es verstanden, aus ihrer Villa gleichermaßen einen ganzjährig komfortabel nutzbaren Wohnsitz und eine Freude fürs Auge zu machen.

Vom Salon gelangt man auf eine Terrasse über dem Hauptgarten, der sich dem ansteigenden Gelände des Hügels anpaßt. Über eine efeuumrankte Treppe kommt man auf die frühere Erdgeschoßebene der alten Villa, die eine zweite Terrasse mit Rhododendronbüschen, Geranien, Strauchgruppen und Zypressen bildet. Rechter Hand schlängelt sich eine kleine Allee hinab in den Rosengarten, der in Rosa und Rot prangt und der Villa ihren Namen verlieh. An der Garageneinfahrt vorbei setzt man seinen Spaziergang fort auf den Wegen, die sich durch die mit Olivenbäumen bestückten Wiesen ziehen und gesäumt sind von blauen, gelben, weißen und roten Büscheln von Lavendel, Gänseblümchen, Stockrosen und sonstiger Blumen.

Il Roseto ist wohl eines der besten Beispiele für die Neugestaltung einer modernen Villa im Geist der Renaissance, dank eines Ar-

Das Parterre mit seinen kreisförmigen Rasenflächen vom
Rundbecken aus: die Öffnungen in deren Mitte lassen Licht
in die Tiefgarage ein.

Der Salon im Erdgeschoß: auf der
prächtigen Deckplatte des niedrigen
Tische in *pietra dura* sieht
man eine kleine Sammlung schöner
russischer Salzstreuer, Zigarettenetuis
und Behältnisse aus Silber.

Rechts
Die Südfassade mit der
Treppe, die in den Garten mit seinen
vielen Terrassen führt

chitekten und Gartengestalters, der es verstand, die Anforderungen
der heutigen Besitzer in Einklang zu bringen mit der humanistischen
florentinischen Tradition. Sein „hängendes" Parterre, sein unvergeß-
liches Panorama und der weite, sich über den Hang ziehende große
Garten machen es zu einer Stätte voller Charme und gelassener
Ruhe, an der man sich gerne vom hektischen Treiben der Großstadt
Florenz erholt.

Die Vorderfront der Villa Mansi

Im 15. Jahrhundert ist das Herrschaftsgebiet der Republik Lucca in gar keiner Weise vergleichbar mit dem von Florenz: es reicht gerade im Norden bis nach Castelnuovo (die Enklave von Pietrasanta ausgenommen) und im Osten bis zur Grenze mit Pescia. Dennoch kann ihr Handel, vor allem der mit Seide, und das Bankwesen mit dem florentinischen Schritt halten, und diese erleben erst im 17. Jahrhundert ihren Niedergang. Die zu Reichtum gekommenen Handelsleute erbauen sich, an die Macht gelangt, Landsitze: schon vom 13. Jahrhundert an besitzen die Buonvisi mehr als ein Dutzend davon, darunter Torrigiani. Nach den brudermörderischen Machtkämpfen zwischen Welfen (den Papsttreuen) und Ghibellinen (den Anhängern des deutschen Kaisers) findet Lucca im 16. Jahrhundert wieder zum inneren Frieden, und unter kaiserlichem Schutz nimmt der Bau von Landhäusern wieder zu.

Eine Eigenheit der Villen im Bereich Luccas besteht darin, daß nirgendwo eine mittelalterliche Grundstruktur erhalten blieb. Sie alle sind ausgeprägte Renaissance- oder Barockbauten, und keine erinnert wie die frühen Mediceervillen in der einen oder anderen Art an ein Kastell oder einen befestigten Gutshof. Zum großen Theoretiker der lucchesischen Villa wird Benedetto Samiatini, der für mehrere Paläste in Lucca verantwortlich zeichnet. Oft sind es die Mitglieder des Adels von Lucca selbst, die den Plan der Bauten entwerfen und die Rolle des Architekten spielen; das gilt für den Abbate Paolo Cenami bei der Villa Mansi oder Ottaviano Diodati und Romano Garzoni bei der Villa Garzoni. Von der ersten Hälfte des 16. Jahrhunderts an macht sich der Einfluß der florentinischen Architektur bemerkbar. Es scheint, als ob das Entwurfsschema Sangallos für die Villa in Poggio a Caiano in Lucca auf fruchtbaren Boden gefallen sei. Diese Tendenz setzt sich fort bis ins 17. Jahrhundert, in dem dann allerdings die lucchesische Architektur ihre Eigenständigkeit beweist. Die unbestreitbaren Besonderheiten der Villen im Gebiet Luccas bestehen in dem dank einer monumentalen Treppe erhöhten Erdgeschoß, was die Einrichtung von Küchen und zugehörigen Nebenräumen in einem Untergeschoß erlaubt; in der Loggia mit Bogenstellungen im Stil Serlios; in bossierten Säulen und Pilastern dorischer oder toskanischer Ordnung; in den Farbkontrasten zwischen dem Grau des Golfolina-Steins, dem Weiß des Kalkputzes und dem Rot von Backsteinen und Ziegeln; der einfallsreichen Fülle von Verzierungen und Schmuckrahmungen an der Fassade und schließlich der starken Betonung perspektivischer Aspekte in der Ausmalung, für die man gerne Künstler aus Bologna heranzog, wie etwa Angelo Michele Colonna für die Villa Garzoni.

Oben
Die großartige Fassade der Villa Torrigiani mit ihrem englischen Rasen
im Vordergrund, deren Architekt, der ihr im 17. Jahrhundert den Charakter einer Theaterdekoration verlieh, nicht namentlich bekannt ist

Rechts oben
Die Vorderfront, aufgenommen durch das wuchtige
Eingangsportal mit seiner Bossenquaderung

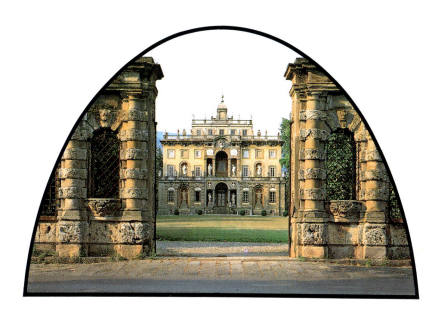

Torrigiani

Nordöstlich von Lucca stößt man, nahe bei Pescia, in Camigliano auf die Villa Torrigiani. Am Ende einer langen, von riesigen Zypressen gesäumten Allee ragt die majestätische Silhouette dieser Villa vor dem verhangenen Hintergrund der Hügel auf. Vorbei an den beiderseits liegenden Wirtschaftsgebäuden durchschreitet man das imposante Eingangstor.

Damit gelangt man auf die große, von Bäumen umstandene Wiese vor der Villa. SIe ist Teil eines typischen Parks in englischem Stil, der im 19. Jahrhundert die Parterres des 17. Jahrhunderts in französischem Geschmack auf der Vorder- und der Rückseite ersetzten. Anscheinend von Le Nôtre höchstpersönlich bei dessen Rückkehr nach Rom entworfen, blieb von diesen nichts außer den ellipsenförmigen Bassins. Auf einen Blick prägt sich die prächtige Fassade der Villa ein, die sich hinter diesem ebenen Vordergrund erhebt.

Der Bau reicht bis in die zweite Hälfte des 16. Jahrhunderts zurück und war ehemals Eigentum der Buonvisi. Zu Beginn des 17. Jahrhunderts geht er in die Hände der Santini über, welche die Rückfront verändern, indem sie zwei vorspringende Bauteile anfügen, und vor die Vorderfront eine typisch manieristische Fassade setzen. In der Mitte befinden sich zwei „serlianische" Bogenarchitekturen (die Idee Serlios war es, einen Rundbogen zwischen zwei hochrechteckige Öffffnungen zu setzen; in Deutschland spricht man meist vom Palladio-Motiv), unten mit Säulen und oben mit Pfeilern gestaltet und seitlich mit Statuen, im Abschlußgiebel mit dem Doppelwappen Santini-Torrigiani geschmückt. Zu beiden Seiten dieser Prunkar-

Der große Eingangssalon bietet in den illusionistisch vorgetäuschten Gesimsen
seiner Deckendekoration eine überbordende Fülle von Motiven auf: Vasen
und Gehänge, Girlanden und Balustraden, Putten und gefesselte Sklaven.

Detail von der Decke eines Erdgeschoßraumes

chitektur ist im ersten Stock die Fassade zurückgesetzt, um Platz zu lassen für eine Terrasse, die abgeschlossen wird von einer mit Statuen in bescheidenerem Format bestückten Balustrade. Diese Terrasse wiederholt sich doppelt, nämlich einerseits über dem Gesims des zweiten Stocks und andererseits über der Attika. Das Ganze wird bekrönt von einer türmchenartigen Ädikula, über der dann noch eine Kugel in den Himmel ragt. An dieser Fassade herrscht vollkommene Symmetrie, und Arkaden, Nischen, Fenster, Balustraden und Statuen ergänzen einander und sind sich zugeordnet in einem engen Raster. Dieses Ensemble spiegelt zugleich ruhige Sicherheit und gelassene Heiterkeit wieder.

Eine breite Fächertreppe führt in den großen Empfangssaal, im 17. Jahrhundert im reinsten Barockstil vollständig mit Fresken ausgemalt. Das Deckenbild stellt die *Apotheose Aurelians* dar, der unter großem Aufwand gen Himmel fährt. An den Wänden Gemälde Vincenzo Dandinis (*Kampf der Amazonen mit den Römern* und *Triumph Aurelians über die mit goldenen Banden gefesselte Königin Zenobia*), die im gleichen Geiste wilder Übersteigerung gemalt sind.

Bei einem Gang durch die weiteren Räume des Erdgeschosses und des ersten Stockwerks wird der Besucher fast erschlagen vom dort ausgebreiteten Luxus. In den Gewölben trifft man immer wieder auf ähnliche gemalte Scheinarchitekturen, und die Wände, an denen oft obendrein Wandteppiche hängen, sind geschmückt mit weißem

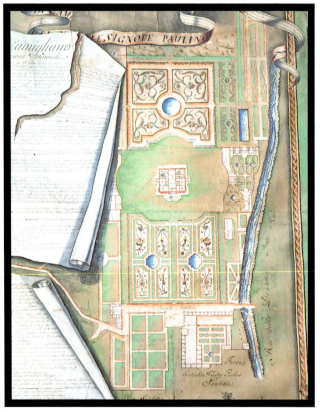

Links oben
Der Durchgang in der Mauer, der vom Blumenparterre
zur Grotte der sieben Winde führt

Links unten
Dieser Plan der Villa Torrigiani im 18. Jahrhundert
hängt in einem der Erdgeschoßräume: Die Villa in der
Mitte ist hier vorne wie hinten umgeben von Parterres
in französischem Stil, jeweils angeordnet um Bassins.
Rechts ist der „geschlossene Garten" zu erkennen mit der
Grotte der sieben Winde unten und dem großen Becken oben.

Oben

Der „geschlossene Garten", dessen Mittelweg auf die Grotte der sieben Winde mit der von der Göttin Flora bekrönten Kuppel zuläuft

Rechts oben

Eine der hübschen antiken Büsten auf der Umfassungsmauer des „geschlossenen" oder auch „geheimen" Gartens

Rechts unten

Eine der geflügelten Statuen der vier Winde mit mächtig aufgeblasenen Backen

Stuck auf Goldgrund. Eine umfassende Sammlung von Gemälden des 16. und 17. Jahrhunderts in gewaltigen Goldrahmen (das *Mahl von Emmaus* von Pontormo, Werke von Guercini, Domenichino, Francesco Albani, Salvatore Rosa, Bernardo Strozzi und Poussin) kam 1816 hinzu, als die Villa nach der Heirat zwischen Vittoria Santini und Pietro Guadagni, Marchese Torrigiani, an die Torrigiani kam. Eindrucksvoll sind vor allem die Schlafzimmer mit den sogenannten „lucchesischen Betten" mit einem Baldachin darüber und bestickten Bezügen, das Speisezimmer mit seinen Porzellanservicen aus Meißen und Capodimonte sowie die Bibliothek mit den großenteils französischen Kupferstichen des 17. Jahrhunderts an den Wänden (Stadtansichten, Porträts berühmter Persönlichkeiten u.ä.) und ihren alten Bänden mit Architekturzeichnungen und Grundrissen.

Aus der Villa kommend, spaziert man nach Belieben durch die Gärten; geht man rechts zum Sommerpavillon hinab, an dem ein mit Rosen bestücktes Blumenparterre entlangläuft, so entdeckt man in der Mauer dort einen schmalen Durchgang. Er führt in einen entzückenden „geschlossenen Garten" nach italienischer Art, gelegen an der Umfassungsmauer und der einzige unveränderte Überrest aus dem 17. Jahrhundert. Rechter Hand wird das Auge angezogen von den Statuen zweier bedrohlicher Ungeheuer, die den Eingang zur Grotte der sieben Winde bewachen. Vorsichtshalber bleibt man auf der Schwelle stehen und wirft einen ersten Blick in das Halbdunkel des gerundeten Raumes, wo sieben Statuen in den Nischen der muschelverzierten Wandung stehen. Denn plötzlich spritzt, auf geheimnisvolle Weise in Gang gesetzt, Wasser aus dem Boden. Und wenn wir in diese Höhle des Äolus eindringen, bestraft uns dafür Flora, die Gemahlin des Windgottes, von der Laterne über der Kuppel aus mit einem strafenden Regenschauer. Die Neugierigen unter denen, die so in den Garten zurückgejagt wurden, und die zu nahe an der Grotte stehenbleiben, werden erneut bespritzt von kleinen Fontänen, die zwischen dem Kieselmosaik am Boden hervorspritzen. Durch das blumengeschmückte Buchsparterre des Privatgartens mit seinen gestutzten Kugeln kommt man zur aufwendigen doppelflügeligen Treppenanlage, die ihn links abschließt. Darunter führen zwei Öffnungen in eine stalaktitenbehangene Grottengalerie. Im Hintergrund dieses Nymphäums trifft der unerschrockene Besucher auf eine ganze Armee aus dem Tuffstein gehauener Tiere, angeführt von einem gewaltigen Drachen als Bewacher dieses unterirdischen Reiches. Steigt er die Treppe hinauf, so findet er sich auf der Erdgeschoßebene der Villa gegenüber einem großen Bassin, das die Wasserspiele speist. Die Besonderheit dieses Ortes liegt darin, daß hier in vorzüglichem Erhaltungszustand dank staatlicher Hilfe die märchenhafte Hinterlassenschaft einer der ganz großen Familien Luccas bewahrt werden konnte. Seine zu neckischen Späßen angelegten Gärten und die Innenräume, trotz ihrer Veränderungen im 19. Jahrhundert im Stil der napoleonischen Epoche, vermitteln eine treffende Vorstellung vom Reichtum dieser Villen des 17. Jahrhunderts im Besitz des lucchesischen Adels, der damals ein rauschendes Hofleben führte.

Eine der Fratzen an den Nischen des Hauptportals

Beunruhigendes und geheimnisvolles
Halbdunkel herrscht in der Grotte der sieben Winde
mit ihren überraschenden Wasserspielen.

Oben
Das große Becken, dessen
statuengeschmückte Balustrade
zugleich die Begrenzung des
Bosketts anzeigt

Links und hier oben
Die traumhafte Treppe mit ihren
verschiedenen Läufen
und Rampen verbindet den
Garten mit dem großen Bassin
und birgt in sich ein
ganzes System von
Grotten.

Oben und rechts
Die strahlende Vorderfassade der Villa Mansi:
der Architekt Muzio Oddi bietet hier ein Musterbeispiel
des für Lucca typischen Manierismus.

Mansi

Nicht weit entfernt von der Villa Torrigiani befindet sich in Segromigno die Villa Mansi. Sobald man dort nach Durchschreiten des Eingangsportals und der Überquerung der kleinen Brücke über den Wasserlauf, nahe der Bambusinsel, in den von den früheren Wirtschaftsgebäuden umgebenen Hof getreten ist, gehe man gleich geradeaus weiter in den Garten.

Zur Linken wird das Auge gefesselt von einer schönen Perspektive, deren Vordergrund ein rundes Buchs- und Blumenparterre bildet, beherrscht von der malerischen Statue eines Jägers mit seinem Hund. Dann verfolgt man den Lauf des abgeleiteten Baches, der eine Rampe aus bemoosten Steinen hinabrieselt, um daraufhin in der Erde zu verschwinden. Beim Hinabschreiten durch die von Lorbeerhecken gerahmte Allee verharrt man gerne bei den steinernen Mädchenfiguren, die freigebig die Geschenke von Mutter Natur darreichen — Getreide, Trauben, Obst und anderes mehr. Schließlich langt man bei dem großen Wasserbecken mit seinem geschwungenen Umriß an, aus dem ein Springbrunnen aufsteigt. Seine Konturen werden betont durch die umlaufende elegante Balustrade, auf welcher sich große Gefäße mit roten Geranien mit acht Statuen abwechseln. Hier könnte einem in einer hellen Mondnacht vielleicht der Geist der schönen Lucida Mansi begegnen, deren Seele, die sie dem Teufel gegen das Versprechen bleibender Jugendlichkeit verkaufte, keine Ruhe finden kann.

Dem erhöhten Erdgeschoß ist ein eleganter Portikus
vorgelegt, der sich in drei „Palladio-Arkaden" öffnet,
in deren toskanische Säulenpaare anmutige
Statuen eingestellt sind.

Eine der verführerischen Allegorien an
der Fassade wirft dem grämlichen Satyr
einen kecken Blick zu.

Ein wenig weiter dringt man in ein Wäldchen ein und trifft dort
im gedämpften Schattenlicht auf ein weiteres kleines Becken, aus
dem ein merkwürdiger muschelverkleideter Arkadenbau aufragt,
durch den man die beim Bade überraschte Diana mit ihren Gespielin-
nen betrachten kann. Diese beiden Bassins sind der einzige Rest
eines zwischen 1725 und 1732 durch Filippo Juvara geschaffenen Gartens, den Hofarchitekten und Hofgartenbaumeister König Viktor
Amadeus' II. von Savoyen, dessen Ruhm sich damals über ganz
Europa verbreitete. Juvara hatte für Ottavio Guido Mansi, den Besitzer der Villa, zwei Gärten vor derselben mit Pergolen, Brunnen, Spa-
lierobstgärten und einem Uhrtürmchen angelegt. Dies alles mußte zu
Beginn des 19. Jahrhunderts dem englischen Rasen vor dem Gebäude weichen, dessen von Bäumen begrenzte weite Fläche die Fassade
der Villa voll zur Geltung bringt. Majestätisch hebt sich diese mit ih-

rem lebhaften Wechselspiel von Weiß und Grau ab von den Grüntönen der Bäume dahinter und des Rasens davor und vom verschwimmenden Blaugrün der Hügel, die den Hintergrund bilden.

Die ehemalige, der Familie Benedetti gehörende Villa des 16. Jahrhunderts wurde in den Jahren 1634/35 im Auftrag der Gräfin Felice Cenami unter Beteiligung ihres Bruders, des Abbate Paolo Cenami, durch den Architekten Muzio Oddi aus Urbino vollständig umgebaut, dem vorher schon die Stadtbefestigung von Lucca anvertraut worden war. Oddi blendete eine neue Fassade vor und fügte ein leicht zurückgesetztes weiteres Stockwerk hinzu. Der harmonische Gesamteindruck geht auf die strenge Symmetrie des Ganzen zurück. Der großen Palladio-Arkade im Erdgeschoß entsprechen die großen übergiebelten Fenster im Stockwerk darüber, den vier großen Statuen in der unteren Reihe weitere vier zwischen Säulen gesetzte in der oberen und dazwischen vier Medaillons, die von grotesken Köpfen gehalten werden.

Die niedrigeren Seitenflügel gewinnen ihre Wirkung durch die großen Erdgeschoßfenster mit einer vorgetäuschten Balkonbalustrade davor und gesprengten Giebeln mit einer Mittelbüste darüber. Als oberen Abschluß erhielt der Bau 1742 auf Wunsch der Mansi, die bereits seit 1675 Eigentümer waren, eine von Statuen überragte Blendbalustrade. Durch die verschiedenen Rahmungen, Gesimse, Giebel und Säulen in *pietra serena* ist die Fassade mit ihren gefälligen Porportionen harmonisch gegliedert.

Über die doppelläufige Treppe, bewacht von zwei steinernen Hunden oben, gelangt man unter den lichten Portikus und von dort in einen großen Empfangssalon mit zahlreichen Öffnungen. Seine illusionistische goldgetönte Scheinarchitektur knüpft mittels vorgetäuschter Reliefs, Medaillons und die Decke tragender Atlanten an die Antike an. Stefano Tofanelli malte zwischen 1784 und 1792 in Rom eine Reihe Apollo verherrlichender Bilder, die dann in die Villa Mansi gebracht und hier in diesem Raum in die Dekoration eingefügt wurden. Während die beiden großen Gemälde an den Seitenwänden die Bestrafung von Midas und Marsyas schildern, die den Zorn des Gottes erregt hatten, sind die Supraporten seinen Liebesabenteuern mit Nymphen wie Daphne oder Koronis oder schönen Jünglingen wie Hyakinthos oder Kyparissos gewidmet und das Deckenbild seinem Triumph. Aus den zur Rückseite gehenden Fenstern fällt der Blick auf ein exotisches Bassin, dessen den Brunnen zierende Figur ihre Reize hinter einer Reihe von Zwergpalmen versteckt.

Unter den mit Grotesken ausgemalten Räumen, in die man von diesem Salon aus kommt, sind die hübschesten das Schlafzimmer mit seinem schönen „lucchesischen" Bett unter einem prunkvoll bestickten Baldachin und das Zimmer mit den Gestalten der Commedia dell' Arte. Da die Villa öffentlich zugänglich ist, hat man zum Schutz vor Dieben die meisten Möbel ausgeräumt. Das bietet dem Besucher die Möglichkeit, sich in den leeren Gemächern wie ein neuer Besitzer zu fühlen, der gerade ihre Möblierung ganz nach seinem Geschmack erwägt.

Die prächtige Perspektive der
großen Allee, begleitet von
Allegorien der Natur

Der prunkvolle Empfangssalon,
dessen illusionistische Scheinarchitekturen
unterstrichen werden durch die Lüster
aus farbigem Muranoglas

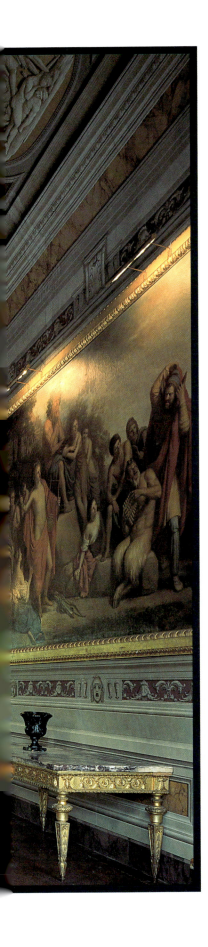

Das Schlafzimmer mit seinem
„lucchesischen Bett" ist mit Fresken in
feinen Groteskenmotiven ausgemalt.

Die Villa Mansi ist mit ihrer eleganten Fassade, ihrem eindrucksvollen Salon und dem Garten mit seinen reizenden Statuen und bewegten Brunnenbecken ein schönes Beispiel für die Integration einer
für das 18. Jahrhundert klassischen Ausstattung in die manieristische
Architektur des 17. Jahrhunderts und ein Zeugnis für den sicheren
Geschmack der großen Familien Luccas.

Garzoni

Ein wenig östlich der Villa Mansi erhebt sich am Rande der Ortschaft Collodi am Ende einer langgestreckt aufgereihten ansteigenden Häusergruppe an der Flanke eines bewaldeten Hügels die Villa Garzoni. Hinter der Kirche San Bartolomeo wendet man sich nach rechts und gelangt durch ein großes Portal in der Umfassungsmauer in ihren hoch gerühmten Garten. Hier bietet sich dem Blick eine außergewöhnliche Anlage: eine wahre Feenlandschaft, ein dramatisch inszeniertes Ensemble von reicher Formen- und Farbenpracht.

Dieses Musterbeispiel für einen Garten im italienischen Stil wurde gestaltet von dem genialen Marchese Romano Garzoni, einem Liebhaberarchitekten, und verlangte ein volles Jahrhundert Geduld. Die Familie Garzoni, eines der alten ghibellinisch gesinnten Geschlechter Luccas und von dort 1328 nach dem Tod des vom Kaiser eingesetzten Castruccio Castracani vertrieben, siedelte sich im 14. Jahrhundert hier in Collodi jenseits der Grenze zur Republik Florenz an. Der von 1633 an angelegte Garten enthielt noch 1662 anläßlich des Besuches von Ferdinand von Österreich und Anna de' Medici keine einzige Statue und nichts an Wasserspielen. Seine sozusagen endgültige Form erhielt er erst 1692. 1756 beauftragt ein anderer Romano Garzoni, Urenkel des ersten, den lucchesischen Schriftsteller und Architekten Ottaviano Diodati mit der Anlage der hydraulischen Einrichtungen, die für den Betrieb der Wasserspiele erforderlich sind, und mit einer Veränderung des Gartens in seinem unteren Teil. Seine Berühmtheit und die Pflege, die ihm die Familie Garzoni bis in den Beginn unseres Jahrhunderts hinein angedeihen ließ, sorgten dafür, daß dieser Garten ohne Veränderungen auf uns kam.

Oben
Die Villa schließt wie ein Riegel die Ortschaft Collodi ab, die sich am Hang des Hügels zusammendrängt.

Links
Hoch ragt die Vorderfront der Villa Garzoni über dem bunten Blumenparterre auf.

Der Garten erstreckt sich als
Ausgeburt eines phantasievollen
Geistes wie ein vielfarbiges Puzzle
über den gesamten Hang.
Aus Platzgründen wurde er nicht
wie gewöhnlich unmittelbar unterhalb
der Villa (oben links) angelegt,
sondern etwas nach
Osten verschoben.

Die einmaligen Parterres der ersten und zweiten
Ebene vereinen sämtliche Elemente toskanischer Gärten.
Der zu Tiergestalten wie zum Beispiel Pfauen, zu quirlartigen
Formen und zu wahren Mauern mit Nischen darin gestutzte
Buchs zeugt von der hohen Schätzung der Beschnittkunst
im 17. Jahrhundert.

In Terrassen steigt er den Hang hinauf und entwickelt sich symmetrisch zu beiden Seiten einer Achse, die betont wird durch die mächtige Treppe. Die erste Ebene wird gebildet von einer kieselbedeckten Esplanade, die ihre Akzente erhält durch zwei runde, mit einem Springbrunnen bestückte Bassins, deren eines von Seerosen bedeckt ist, während auf dem anderen majestätisch weiße Schwäne schwimmen. Um sie sind phantasievoll geschnörkelte schmale Rabatten mit Geranien in verschiedenen Farbabstufungen bepflanzt.

Zwischen zwei gezwirbelt gestutzten mächtigen Buchsbäumen hindurch kommt man über ein paar Stufen entlang der Hauptachse auf die zweite Ebene, die leicht zum Fuß der Treppe ansteigt. Zu beiden Seiten des von Buchshecken und eingetopften Zitronenbäumen gesäumten Weges liegen breite Parterres, die geschmückt sind vom Wappen der Garzoni, fein und präzise mosaikartig wiedergegeben mit Hilfe von Heidekraut, einjährigen Blumen und verschiedenfarbigen Kieseln. Diese beiden unteren Terrassen sind eingeschlossen von hohen Buchsbaumwänden, deren oberer Abschluß zu ungewöhnlichen Zinnen- und Wellenformen gestutzt ist und in deren Schutz schöne Barockstatuen in manieristischen Stellungen und kleine Bänke zwischen großen Azaleenschalen stehen.

Nun steigt man über einen der beiden geraden Läufe die mosaikgeschmückte Prunktreppe mit ihrer eleganten ziegelroten Balustrade bis zum ersten Absatz hinauf. In dessen Mitte öffnet sich, auf die Hauptachse ausgerichtet, die Muschelgrotte des Gottes Neptun. Aus der Kieselpflasterung, welche die Rocaillemotive der ersten Ebene wiederholt, spritzen zahlreiche kleine Fontänen. Von den drei Treppenabsätzen gehen Queralleen ab, die man von unten nicht sehen kann. Längs der untersten stehen die hohen Palmen, die dem Garten seinen exotischen Anstrich verleihen. Auf dem dritten und damit obersten Absatz weisen zwei riesige Statuen von erschöpft wirkenden Satyrn auf den nahen Rand des Waldes hin.

Auf zwei geraden Rampen kann man neben der Kaskade hinaufsteigen, die über bemooste Felsen herabplätschert und ihren Ausgang nimmt zwischen zwei riesigen steinernen Verkörperungen der Städte Florenz und Lucca. Die feindlichen Städte scheinen einander zu belauern, die Hand auf ein Füllhorn gestützt, aus dem das Wasser strömt; zu ihren Füßen sitzen ihre Wappentiere. Noch weiter oben ragt über einem mit Seerosen gefüllten Becken auf einem Fels die geflügelte Figur der Fama, also der Ruhmesgöttin auf, die den Ruhm dieses paradiesischen Ortes verkündet, indem sie in ein Muschelhorn bläst. Wenn man ihr den Rücken zuwendet, genießt man einen phantastischen Blick über die Kaskade und die von Bäumen gerahmten Parterres.

Von hier aus kann man linker Hand einen schattigen Weg nehmen, der am raschesten zur eigentlichen Villa führt. Empfehlenswerter ist es jedoch, sich dem spielerischen Geist dieser Stätte hinzugeben und auf Seitenwegen auf Entdeckungen auszugehen. Wenn man zum Beispiel auf den zweiten Treppenabsatz zurückkehrt und dort links die Allee der Pomona nimmt, die bis zu einer Eberstatue hin-

Nächste Seite
Auf der Höhe beschließt das
Famabecken den Garten.

Übernächste Seite
Plan des Gartens der Villa
Garzoni im 17. Jahrhundert nach
J. C. Shepherd und G. A. Jellicoe,
Italian gardens of the Renaissance,
London 1986:
1) Eingang, 2) Parterre, 3) Bassin,
4) Palmenallee, 5) Treppe, 6) Allee der
Pomona, 7) Freilichttheater, 8) Gehölz,
9) Wasserfall, 10) Famabecken,
11) Aufgang zur Villa

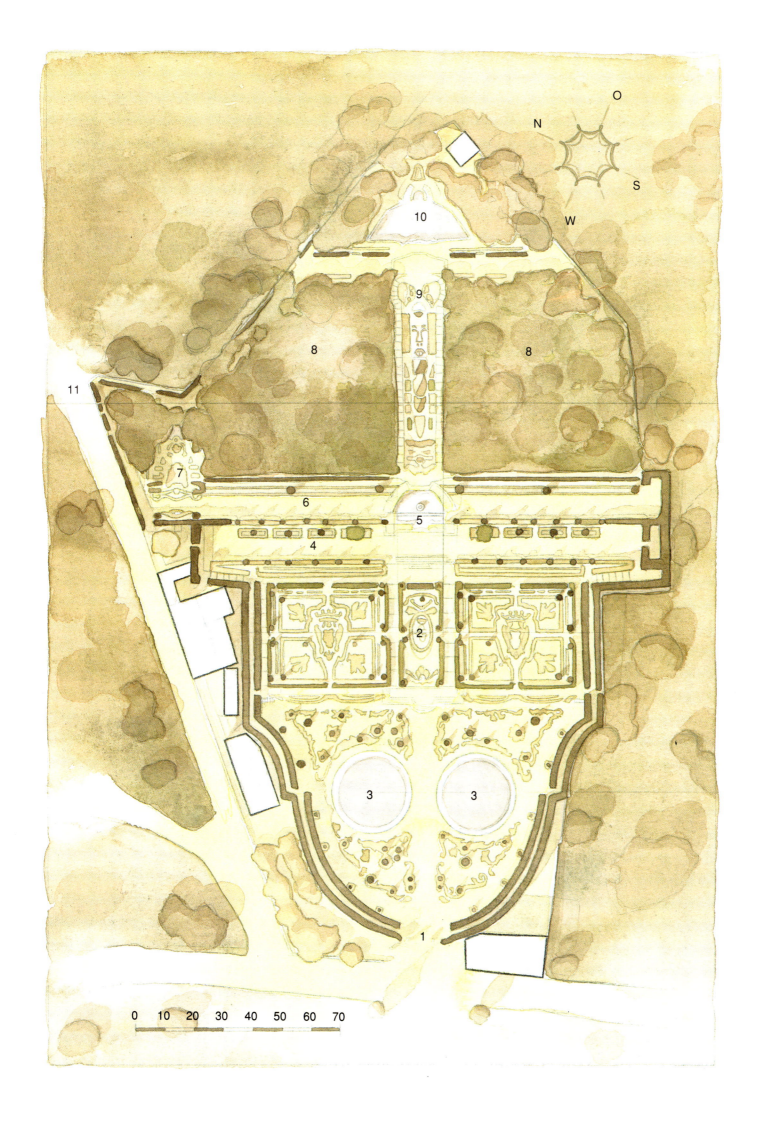

Die Galerie im ersten Stock mit ihrem harmonischen Tonnengewölbe hat ihren traditionellen Bodenbelag mit den glasierten Ziegelplatten aus Impruneta bewahrt.

läuft, entdeckt man, im Wald versteckt, ein kleines Freilufttheater. Von hohen Buchshecken umgeben, deren Stutzung an Bauern aus einem Schachspiel erinnert, steht es unter dem Schutz der Statuen von Thalia und Melpomene, der griechischen Musen der Tragödie und Komödie, die gekennzeichnet sind durch ihre Symbole Maske und Krone.

Vom Theater aus quert man eine nicht sonderlich sicher wirkende kleine Hängebrücke, die zu dem überraschenden Bambushain führt, dessen Pflanzen wie geschärfte Lanzenspitzen in den Himmel ragen. Nach dem Verlassen dieser Örtlichkeit, an der man auf gefährliche Begegnungen rechnet, gelangt man in das Labyrinth, in dem man eine Weile umherirrt und dann froh ist, wieder bekannte Gesichter zu sehen. Nur mit viel Glück erreicht man die innere Lichtung und kann dort befreit über seine Ängste lachen. Dann kann man aufsteigen zur gedeckten Brücke und durch ihre Arkaden schadenfroh auf die Ärmsten herunterschauen, die immer noch dort unten herumirren. Von dieser Brücke aus gelangt man schließlich zum gepflasterten Hof vor der Villa.

Der Musik- und Ballsaal mit seiner
illusionistischen Deckenmalerei zeugt
vom einstigen Glanz der
Marchesi Garzoni.

Der lucchesische Barock spielte
gerne mit Gegenüberstellungen echter
und nur gemalter Skulpturen:
der aus Marmor gemeißelte Putto hier
auf dem Treppengeländer schaut zu
einem zweiten hinüber, der auf die
Wand vor eine gleichfalls nur
vorgetäuschte Säulen- und
Bogenarchitektur
gemalt ist.

Rechts
Die abwechselnd nach innen und nach
außen schwingende Fassade des
Rokoko-Sommmerschlößchens wird
oben abgeschlossen von einer
mit Kieselsteinmosaik
gezierten Blende.

Von der Terrasse aus genießt man einen wundervollen Blick auf den Garten und auf die Ortschaft Collodi mit der wuchtigen Kirche San Bartolomeo im Vordergrund und weiter entfernt die von Olivenbäumen besäten Hügel des Val di Nievole. Vom Hof führt im Zickzack eine breite Rampe in den Ort, einst benutzt von Reitern und Karossen. Die Villa selbst entstand zu gleicher Zeit wie der Garten an der Stelle einer ehemaligen Burg. Die ausladende Fassade zeigt auf vier Stockwerken eine Vielzahl von zurückhaltend gerahmten Fenstern, deren untere miteinander verbundene Gesimse die Etagengliederung betonen. Ein Gegengewicht zur Breitenausdehnung bildet die erhöhte Mittelpartie, bekrönt von einer Ädikula mit einem Glockenaufsatz darauf. Die vom Wind bewegten weißen Vorhänge an den Fenstern, die vor zu starkem Sonnenlicht schützen sollen, verleihen der Fassade den Anstrich einer Theaterdekoration.

Durch das mit dem Wappen der Garzoni versehene Hauptportal hindurch kommt man in einen gewölbten Durchgang, der in den inneren Hof führt. Über der brunnengeschmückten Mauer, die ihn umgibt, ragt die geschwungene Rokokofassade des Sommerschlößchens auf. Die Zeit hat eine milde Patina über die einst lebhaft rote gekurvte Außenwand dieses Baus gelegt, der im Geiste des erfindungsreichen Diodati zu Ende des 18. Jahrhunderts entstand.

Links gelangt man durch den Portikus der Villa in deren ersten Stock über eine schöne gerade Treppe. Deren Wände sind mit einer raffinierten Scheinarchitektur bemalt, die doppelte Wölbungen vortäuscht und zum Eindruck großer Weite führt. Oben gelangt man auf die völlig mit Fresken in blassen Gelbtönen ausgemalte Galerie, deren Wände romantische antike Ruinen zeigen, idyllische Landschaften und Stilleben. Von hier aus geht es in die verschiedenen Räume, die als Flucht längs dieser Galerie liegen.

Die bedeutendsten von ihnen sind das grüne Schlafzimmer in venetianischem Stil mit seinem schönen lucchesischen Baldachinbett und seinen mit handgestickten Seidenstoffen bezogenen Türen sowie der prunkvolle Ball- und Konzertsaal mit einer kühnen illusionistischen Deckenmalerei von Angelo Michele Colonna, reich in der Erfindung und höchst präzise in der Perpektive. Im Erdgeschoß kann man einen Blick in die mächtige Küche werfen und sich dabei vorstellen, daß vielleicht der Enkel des herrschaftlichen Küchenmeisters, der junge Carlo Lorenzini, der sich nach seinem Heimatort Collodi nannte, sich hier seine ersten Geschichten um Pinocchio zusammenreimte…

Als Musterbeispiel einer Barockvilla ohnegleichen zeigt die Villa Garzoni einen solchen Luxus, eine derartige Fülle phantasievoller Motive und den Besucher faszinierender Inszenierungen, daß daneben vorübergehend jeder andere Eindruck verblaßt.

Vorderansicht der Villa von Cetinale

Im Umkreis von Siena

Der Machtbereich der Republik Siena reicht im 14. Jahrhundert im Süden der Stadt über Grosseto hinaus und im Osten bis Chiusi. Als ausgeprägt ghibellinisch gesinntes Gebiet ist Siena seit dem Ende des 13. Jahrhunderts dem politischen und militärischen Druck von Florenz ausgesetzt. Die sienesischen Bankiers und Kaufleute suchen ihren Einfluß zu sichern, während die Landbesitzer von der Fruchtbarkeit dieser Region mit ihren Weinbergen und Olivenhainen profitieren, die man heute „das Chianti" nennt. Vom neunten Jahrhundert an haben Mönche wie die Vallombrosaner der Badia a Coltibuono oder Burgherren wie die Ricasoli von Brolio das Land kultiviert, das ihrem Unterhalt dient. Doch Siena wird mehr und mehr von den brudermörderischen Auseinandersetzungen zwischen seinen „Monti" oder Familienverbänden zerrissen, die heftige Machtkämpfe ausfechten. Die inneren Streitigkeiten und das beständige Ringen mit Florenz um die Städte im Grenzbereich der beiden Republiken führen vom 14. Jahrhundert an zu einem deutlichen Niedergang in Handel und Bankwesen. Die Landwirtschaft im Umland dagegen, das auf sein Übergewicht gegenüber der Stadt pocht, nimmt starken Aufschwung. Aber die Zeiten sind schwierig, und der Landbesitzer begnügt sich mit seiner schlichten *casa colonica*, sofern er es nicht vorzieht, sich hinter den sicheren Mauern einer Burg zu verschanzen.

Gegen Ende des 15. Jahrhunderts jedoch nutzt der vom Hause Aragon unterstützte Pandolfo Petrucci die Vertreibung der Medici aus Florenz dazu, die Macht in Siena an sich zu reißen. Der verhältnismäßig friedlichen Periode seiner Herrschaft folgt die von dem 1530 nach Italien gezogenen Kaiser Karl V. verfügte Statthalterschaft über die Stadt und 1557 das Ende der sienesischen Selbständigkeit. Von nun an gehört Siena zum Großherzogtum Toskana, und für die sich inzwischen sicherer wähnenden Grundbesitzer wird die Wohnlichkeit ihrer Landsitze mehr und mehr zum Anliegen, weswegen sie ihre *case coloniche* oder Burgen in Villen umwandeln. Zum großen sienesischen Architekten dieser Epoche steigt Baldassare Peruzzi auf, der 1527 in seine Heimat zurückkehrte, nachdem er in Rom den Palazzo Massimo alle Colonne und die Villa Farnesina erbaut hatte. Er entwirft eine Reihe von Landvillen, darunter jene von Belcaro, Celsa, Santa Colomba, Anqua, L'Apparita, Vicobello und Le Volte Alte, die beiden letzteren für die reiche Bankiersfamilie Chigi. Seine Schöpfungen zeichnen sich aus durch eine große Reinheit der Proportionen, die Verwendung des in Siena stark verbreiteten Backsteins und ein ausgeprägtes Gefühl für perspektivische und szenische Wirkungen; er beeinflußt stark die anderen sienesischen Baumeister.

Die sienesischen Villen bewahren die Prinzipien Peruzzis: von allen anderen toskanischen Villen unterscheiden sie sich durch ausgeprägte Schlichtheit, Ablehnung von Verzierungen, die Verwendung traditioneller Materialien wie Backstein oder Haustein und einen starken Bezug auf die mittelalterliche Architektur.

Die alte Abtei Badia a Coltibuono wurde im
19. Jahrhundert zur Villa in ruhiger Abgeschiedenheit.
An die Kirche mit ihrem hohen Turm aus dem 11. Jahrhundert
legte sich im 15. der Kreuzgang, und im 18. kamen dann
zwei weitere Flügel hinzu.

Oben rechts
Einsam liegt die Anlage der Badia a Coltibuono inmitten
bewaldeter Hügel. Im elften Jahrhundert begannen die
Vallombrosaner mit der Anlage von Weinbergen und Olivenhainen
und nutzten systematisch die Eichen, Kastanien- und Nadelbäume.

Badia a Coltibuono

Nordöstlich von Siena und nicht weit von Gaiole in Chianti erhebt sich nahe der ehemaligen Grenze der Republik Siena zu Füßen der Berge des Chianti die Badia a Coltibuono.

Die von nur wenigen Fenstern durchbrochenen Mauern aus hellem Stein und der sie überragende zinnenbewehrte Glockenturm verleihen dieser vor dem Hintergrund dichter Nadelwälder aufragenden Anlage einen mönchischen, um nicht zu sagen nüchternen Charakter. Dieser Eindruck wird noch verstärkt durch die Abgelegenheit der Abtei und die eindrucksvolle Ruhe, die um sie herrscht. Man glaubt sich ans Ende der Welt versetzt. Durchaus beeindruckt, umrundet man am vorspringenden Chor die Ecke der Gebäudegruppe. Dann steht man vor der schlichten Kirche mit ihrem Satteldach und der luftigen Vorhalle auf großen Pfeilern. Noch heute werden hier vom Pfarrer Paare getraut.

Die Kirche und das anschließende Wohngebäude wurden 770 aufgrund eines Gelübdes des Geremia dei Firidolfi errichtet, eines florentinischen Edlen, der hier eine Stätte zur Meditation fand. Die ersten Mönche siedelten sich an, doch bald wurde die Kirche durch einen Brand zerstört. 1058 im romanischen Stil neu erbaut, den sie noch heute bewahrt, wurde sie von Papst Nikolaus II. geweiht, und von da an wurde die Abtei von den Benediktinermönchen der Abtei von Vallombrosa nahe Florenz besetzt, die gemäß den Regeln ihres Gründers Giovanni Gualberto mit der Kultivierung des umliegenden

Geländes begannen. 1427 ließ Abt Paolo da Montemignaio den Kreuzgang auf der rechten Seite des Klosters errichten, in den man auch heute noch durch sie gelangt, und im Oberstock darüber die Mönchszellen. Im 18. Jahrhundert restauriert, bewahrt er noch eine Reihe eingemauerter Säulen, die einst den geschlossenen Portikus im Erdgeschoß bildeten. Dieser erste Bauabschnitt, rechteckig um den Kreuzgang angelegt, ist der Kern der Abtei.

1710 wurden außer einer Umfassungsmauer auch zwei Verlängerungsflügel erbaut, durch die ein zweiter Hof entstand; in ihn gelangt man durch ein großes Portal mit Quadereinfassung. An der einen Seite des etwas abschüssigen gepflasterten Hofes liegen die Gutsgebäude, an der anderen ragt die schlichte Außenfront der Klostergebäude auf mit großen Konsolenfenstern und einem durch Quaderrahmung betonten Portal im Erdgeschoß und einem schmiedeeisernen Balkon auf großen Kragsteinen im ersten Stock.

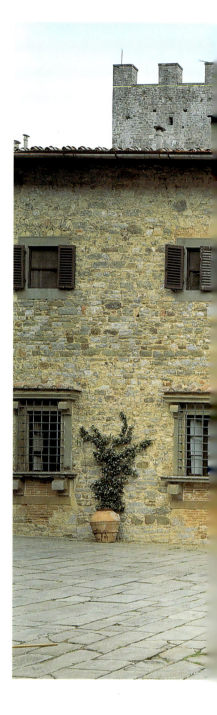

Im Inneren merkt man dann an der Möblierung gleich, daß man sich hier nicht in einem Kloster befindet, sondern in einem Privatwohnsitz. Tatsächlich endete das friedliche Klosterleben hier 1810, als aufgrund einer Verfügung Napoleons die Mönche die Abtei verlassen mußten. Glücklicherweise aber wurde diese dadurch nicht dem Verfall preisgegeben, sondern unter Rücksichtnahme auf die vorherige religiöse Bestimmung instand gehalten durch private Eigentümer wie die Poniatowskys oder die Giuntinis, die es in eine echte Villa verwandelten.

So entstand der Salon aus dem ehemaligen Refektoriumssaal, und in seiner Atmosphäre scheint die frühere Nutzung noch spürbar. Die Holzmöbel sind schnörkellos, die Sessel weiß bezogen, und Schirmlampen verbreiten ein sanftes Licht. Diese schlichte Ausstattung verträgt sich gut mit der schönen gewölbten Decke, die seit 1907 das Wappen der Giuntinis trägt, und den gedämpften Farben der Fresken an den Wänden, im 16. Jahrhundert geschaffen von dem auch am Hofe der Medici tätigen manieristischen Maler Bernardino Poccetti. In Medaillons, die mit lateinischen Inschriften versehen sind, wechseln die Büsten von zwölf Äbten, die an der Spitze der hiesigen Gemeinschaft standen, mit Szenen aus dem Leben des heiligen Laurentius, des Klosterpatrons. Während des Sommers werden hier von den heutigen Eigentümern Konzerte mit klassischer Musik veranstaltet.

Im Oberstock öffnen sich auf den langen Gängen mit ihrem in Rot und Ocker gemusterten Kachelboden und den dunklen Balken- und Bohlendecken viele kleine Türen zu den ehemaligen Mönchszellen, auch heute sparsam eingerichtet. Neben einigen Gemälden, die an den weißen Wänden hängen, findet sich auch ein bemerkenswertes Fresko, das unter dem Kreuz neben den beiden Marien den heiligen Laurentius zeigt und den ebenfalls als Heiligen verehrten Gründer der Vallombrosaner, Giovanni Gualberto. Dieses Wandbild in flämischem Stil wurde wahrscheinlich zu Beginn des 16. Jahrhunderts von dem florentinischen Maler Francesco d'Ubertino geschaffen, genannt Il Bacchiacca. In der weiß getünchten Küche mit ihrer schönen

Balkendecke steht noch eine alte Anrichte mit einer Marmorplatte darauf, und an den Wänden hängen kupferne Becken und Schüsseln. Die Hausherrin führt hier Lehrgänge in toskanischer Kochkunst durch, bei der die eigenen Erzeugnisse verwendet werden. Auf der Domäne werden nicht nur, dem Beispiel der Mönche des 11. Jahrhunderts folgend, Wein und Öl geerntet, sondern es wird nach altem Rezept auch ein feiner Grappa aus den Traubentrestern bereitet.

Aus dem Erdgeschoß gelangt man auf eine Terrasse an der rückwärtigen Front, welche, zur Linken von der Außenmauer begrenzt, die oberste Stufe des sich seitlich erstreckenden Gartens bildet. Über eine von Geranientöpfen gesäumte Treppe kommt man auf eine zweite Terrasse mit einem Brunnen hinunter; auf ihr, die sich längs

Die Eingangsfront des Klosters mit ihrer Bruchsteinfassade, deren nüchterne Schlichtheit seit der Errichtung im 15. Jahrhundert trotz späterer Hinzufügung einiger weniger dekorativer Elemente erhalten blieb

der efeuumrankten Abteigebäude hinzieht, spendet ein mächtiger Magnolienbaum mit hölzernen Ruhebänken darunter willkommenen Schatten. Wieder etwas tiefer, abgegrenzt durch ein kleines Mäuerchen mit weißen Blumen darauf, erstreckt sich der Garten. Die von niedrigen Buchshecken umrandeten Parterres sind größtenteils mit Banksrosen in einer wundervollen Elfenbeinfarbe gefüllt; in ihrer Mitte ist ein viereckiges Becken von einem einfachen Steinrand umgeben. Etwas weiter im Obstgarten finden sich unter den Bäumen Lavendelbeete; dieser Garten, seit der Renaissancezeit von hohen Mauern umgeben, bietet im Schutze der Pergolen Gelegenheit zur zurückgezogenen Besinnung und Meditation. Die innere Einkehr wird dadurch unterstützt, daß der schweifende Blick an den Nadelbäumen des nahen Waldes endet.

Die Badia a Coltibuono ist ein seltenes Beispiel für eine alte Abtei, die im 19. Jahrhundert in eine Villa umgewandelt wurde, wobei es gelang, die Atmosphäre der Zurückgezogenheit zu bewahren; das Gefühl für Traditionen macht sie zu einem weltabgeschiedenen und doch begünstigten Ort ungestörter Ruhe.

Links
Mehrere Pergolen aus weinberankten Eisengestängen
durchziehen den Garten längs und quer und teilen ihn so,
daß eine Vielzahl geschlossener Räume entsteht, die an
die ehemaligen Mönchszellen der Abtei erinnern.

Oben
Der kleine Garten, wie einst der Meditation geweiht und
in der Farbigkeit auf Grün- und Weißtöne beschränkt,
erstreckt sich in äußerster Schlichtheit zwischen efeubewachsenen
Mauern, Weinstöcken und hohen Nadelbäumen.

Die „Burgschloßvilla" von Brolio
inmitten der Weinberge der Familie Ricasoli,
die ein Spitzengewächs des Chianti Classico
hervorbringen, hat in früheren Zeiten
zahlreichen Angriffen sienesischer und
kaiserlicher Truppen getrotzt.

Rechts oben
Vom Anfahrtsweg her gesehen ergibt
sich ein schöner Kontrast zwischen dem
Backsteinrot der langgestreckten neugotischen
Fassade des 19. Jahrhunderts und dem Grau
der Wälle Giuliano da Sangallos.

Brolio

Etwas weiter südlich als die Badia a Coltibuono im Nordosten von Siena sieht man von der Ebene aus inmitten des Mosaiks aus den Grüntönen der Weinberge und Olivenhaine, dem Gelb und Ocker bebauter Felder und dem Dunkelgrün der Kiefern- und Fichtenwälder auf einer Anhöhe das eindrucksvolle und phantastische Burgschloß Brolio liegen. Es bildet das Zentrum des Anbaugebietes für den Chianti Classico; fünfundzwanzig Hektar liefern unter dem Zeichen des Gallo Nero, des schwarzen Hahns, das ihm der Begründer dieser berühmten Marke, Baron Bettino Ricasoli, 1847 gab, einen der ganz großen Weine Italiens.

Diese mit Türmen und Bastionen gespickte Festung, deren Bauten sich zum Teil hinter mächtigen Bäumen verstecken, gehört der altadeligen Familie der Ricasoli bereits seit dem 11. Jahrhundert, und sie hat eine äußerst bewegte Geschichte. Um das Jahr 1000 erbaut, wurde dieser Vorposten der Florentiner, mitten in lombardischem Gebiet an der Grenze ihres Einflußbereichs gelegen, immer wieder zum Ziel von Angriffen sienesischer Heere, die sich seiner zu bemächtigen suchten. 1432 gelang dann dank seiner strategischen Fähigkeiten Antonio Petrucci, einem berühmten Condottiere der Sienesen, auch tatsächlich die Eroberung. Doch schon wenige Jahre später wurde die Burg erneut von den Florentinern besetzt. 1452 rannte Ferdinand I., Herzog von Kalabrien und Sohn des Königs von Neapel, mit seinen aragonesischen Truppen vergeblich gegen ihre Mauern an, doch 1478 konnte er sie schließlich doch überwältigen. Um sich

Blick von der breiten Terrasse auf
der Höhe der Wälle auf den reichverzierten
neugotischen Backsteinbau der Villa;
im Vordergrund das Gewächshaus

zu rächen, beschlossen die Sienesen, die Anlage, die so lange eine Herausforderung für sie gewesen war, völlig zu zerstören. 1484 nutzten jedoch die Ricasoli, die ihren Besitz nie aufgegeben hatten, den unter Lorenzo de' Medici herbeigeführten Frieden zum Wiederaufbau. Sie beauftragten Giuliano de Sangallo, der vorher schon die Befestigung von Sarzana geleitet hatte, mit der Anlage von Wällen um die Burg, die bis heute erhalten blieben. 15 Meter hoch sind sie und 450 Meter lang; an den Ecken ragen wuchtige Bastionen auf. 1529 stürmen spanische Soldaten Kaiser Karls V. die Festung, doch müssen sie 1530 schon wieder den Truppen von Florenz weichen, wo kurz vorher die Medici wieder an die Macht gelangt waren; von da an blieb sie in florentinischer Hand.

Um zum Eingang zu gelangen, muß man um die Anlage entweder von rechts oder von links herumgehen. Zur Rückseite führen durch einen dichten, dunklen Zypressenwald zwei steile und steinige Wege. Nahezu eingeschüchtert durch den wenig einladenden, ja eher abweisenden Charakter dieses umwallten Sitzes nähert man sich dem Eingangstor und wäre nicht sonderlich überrascht, wenn nach dem Läuten der Klingel ein buckliger Kastellan aus längst vergangenen Zeiten angeschlurft käme. Nachdem man sich gebührend ausgewiesen hat, durchquert man den Vorhof und steigt über eine breite gepflasterte Rampe, auf der früher die Hufe der Pferde klapperten und die Räder der Kutschen knirschten, in einigen Windungen zu dem weitläufigen ziegelroten Wohngebäude hinauf. Obwohl es im 19. Jahrhundert durch den Architekten Pietro Marchetti nach dem Muster alter sienesischer Bauten in neugotischem Stil völlig umgebaut und mit einer Backsteinfassade versehen wurde, fügt es sich in die älteren Steinbauten der Gesamtanlage gut ein. Auftraggeber für den Umbau war Baron Bettino Ricasoli, der „eiserne Baron", der als Nachfolger Cavours einen wichtigen Beitrag zur Einheit Italiens leistete.

Links erhebt sich die Familienkapelle aus unverputztem Stein auf schlichtem Rechteckgrundriß. Im Innern weisen die Freskenmedaillons von Heiligen an den Wänden, der mit Mosaiken geschmückte Chor und die spitzbogig gewölbte Decke mit Ornamentbemalung auf die Errichtung im 14. Jahrhundert hin. Verläßt man die Kapelle durch den Hinterausgang am Chor, so steht man zu Füßen des mächtigen mittelalterlichen Wachtturms, der noch immer seine Schießscharten hat und am Oberteil seine Zinnen und den vorkragenden Wehrgang mit den Pechnasen. Wendet man sich nun nach links, so kommt man unter Bäumen an einer zweiten Ummauerung vorbei, die sich um den Bergfried zieht.

Um die Mauer herum gelangt man dann auf die Esplanade vor der langgedehnten Vorderfront des Schlosses, die als breite Terrasse über den Bastionen Sangallos aufragt. Von hier ist der Blick über die unter der Sonne ausgebreiteten Hügel des Chianti wahrhaft atemberaubend. Beugt man sich am Rande der Terrasse über die Brüstung, so wird man überrascht vom Anblick eines im ehemaligen Wallgraben angelegten Parterres. In strenger Geometrie umrahmen dort nie-

drige Buchshecken Rasenflächen und schmale Blumenrabatten, in die ausgesparten Ecken sind große Pflanzenkübel gesetzt. Das frische Grün bildet einen schönen Gegensatz zum Grau der alten Mauern und zum Graugrün der Olivenbäume außerhalb, und durch den Blick von oben kommt die straffe Gliederung dieser Gartenanlage besonders gut zur Geltung.

Wendet man sich wieder zur Terrasse um, die ebenfalls mit Heckenrondellen geschmückt ist, so geht der Blick zur wirkungsvollen neugotischen Fassade mit ihrem höheren Mittelteil und zwei niedrigeren Seitenflügeln beiderseits. Dem Architekten ist es hier gelungen, den Eindruck einer mittelalterlichen Burg zu bewahren und dabei dem Gebäude einen malerischen und dekorativen Effekt zu geben, der, wenn auch hier in ganz anderem Zusammenhang, an das phantastische Schloß Neuschwanstein des Bayernkönigs Ludwig II. erinnert. Die Fassade ist durchbrochen von langen Reihen spitzbogiger Fenster, unten zwei- und im obersten Geschoß dreiteilig. Unter den Eckfenstern im ersten Stock der beiden Seitenflügel sitzt jeweils ein hübscher Balkon auf fein gemeißelten Kragsteinen. Im linken Flügel ist ein Winkel angelegt, aus dem ein elegantes, schlankes Türmchen aufragt. Den oberen Abschluß des Gebäudes bildet ein Zinnenkranz auf zierlich gestuften Konsolen in Nachahmung der Bekrönungen am alten Wachtturm und am Bergfried. All diese Details verleihen dem Gebäude einen Anstrich von Raffinesse und Zierfreude, der einen interessanten Gegensatz zur nüchternen Zweckarchitektur der älteren Bauten bietet.

Auch das Innere wurde im 19. Jahrhundert fast völlig in neugotischem Geschmack verändert. Die Dekoration (Fresken mit mittelalterlichen Persönlichkeiten vor Goldgrund, mit geometrischen Motiven bemalte Balken- oder Kassettendecken, große steinerne Kamine, bestickte Vorhänge, Wappen, Standarten und Waffen) beschwört ebenso wie die Möblierung (große hölzerne Truhen und Tische wie aus einem Kloster, hochlehnige, lederbezogene Stühle) die Atmosphäre einer mittelalterlichen Ritterburg herauf. Nur wenige Räume, wie etwa der kleine rote Salon und das grüne Schlafzimmer, haben ihr schlichtes Aussehen wie im 15. Jahrhundert bewahrt.

Weiter seitlich auf der Esplanade kommt man an einigen Blumenrabatten vorbei und am aus Haustein errichteten Treibhaus mit seinen großen verglasten Öffnungen und gelangt schließlich zu einem kleinen efeuumrankten Wachttürmchen, das hier an der Ecke getreulich die alten Wälle im Auge zu behalten scheint. Von hier aus kann man ganz um diese herumgehen.

Das Burgschloß Brolio darf wegen seiner Umgestaltung im 19. Jahrhundert und seines hübschen Gartenparterres in italienischer Art durchaus als Villa bezeichnet werden, wie dies auch durch eine an den Wällen angebrachte Schrifttafel geschieht. Seine eindrucksvolle Wirkung als von mächtigen Wällen umgebene Festung und die Tatsache, daß es sich nun seit fast einem Jahrtausend in den Händen der gleichen Familie befindet, verhelfen ihm zu einer Ausnahmestellung unter den sienesischen Villen.

Das Ensemble der Villa von Anqua
hat seinen Charakter als Mittelpunkt
eines landwirtschaftlich genutzten
Besitzes gewahrt und entspricht damit
noch heute den Prinzipien, die L. B. Alberti
im 15. Jahrhundert in bezug auf die Übereinstimmung
von Architektur und Natur festlegte.

Rechts oben
Eine zunächst von Zypressen und
dann von Pinien gesäumte Allee führt
zu dem kleinen Platz vor der Villa.

Anqua

Im Südwesten von Siena, zwischen Castelnuovo und Radicondoli an der Grenze der Provinz Siena, findet man inmitten der Häuser der Ortschaft Anqua die gleichnamige Villa. Sie liegt auf der Spitze eines kleinen Hügels inmitten von Bauernhäusern, um die herum sich wieder Ackerflächen erstrecken oder Wiesen, auf denen Pferde weiden.

Vorbei an den Wirtschaftsgebäuden, die längs des mit Zypressen gesäumten Zufahrtsweges stehen, kommt man auf einen bescheidenen, von Pinien bestandenen Vorplatz. Dort sieht man sich einer kleinen Kirche mit einer warmen Backsteinfront unter einem flach geneigten Satteldach gegenüber. Über ihrem Eingang läßt ein im 17. Jahrhundert hinzugefügter Sprenggiebel Platz für den Fuß eines lateinischen Kreuzes, darüber öffnet sich ein kreisrundes Fenster. Zur rechten Hand der Kirche kommt man über ein paar Stufen zu einem schmalen gepflasterten Gäßchen, in dessen Mitte eine flache Rinne dem Wasserablauf dient. An seinem Ende sieht man sich vor einer Mauer mit schmalen, von Steinkugeln überragten Zinnen, durch die man auf den Garten hinunterschauen kann.

Wenn wir umkehren, finden wir auf dem Platz vor der Kirche zur Linken einen Bau, an dessen Mauer aus unregelmäßigen Bruchsteinen in vielen Tönungen das Wappen der Pannochieschi d'Elci angebracht ist: zwei mit dem Rücken einander zugewandte Adler mit dem Malteserkreuz und einem Helm mit Federbusch darüber. Die alte sienesische Familie, deren Stadtpalais sich eindrucksvoll am

Campo von Siena erhebt, war immer auch im Besitz von Anqua. An die Seitenwand dieses Gebäudes stößt eine Bruchsteinmauer, auch sie wieder bekrönt von Backsteinzinnen mit dicken Steinkugeln darauf und mit einem großen bossengerahmten Tor in der Mitte.

Dieses ist ausgefüllt mit einem schönen schmiedeeisernen Gitter, durch das wir in einen Hof treten, dessen gemusterte Ziegelsteinpflasterung von eingelegten Streifen aus Haustein durchzogen ist, die alle auf den Brunnen in seiner Mitte zulaufen. Mit seinem Rankenwerk, seinen Voluten und Lilien aus Schmiedeeisen ist dieses Prachtstück der Renaissancezeit eine Zierde des Hofes. Rechts erhebt sich nun die im 16. Jahrhundert von Baldassare Peruzzi erbaute Villa. Mit ihrer schönen ebenmäßigen Backsteinfassade in edlen Proportionen scheint sie eines Palastes in Siena würdig und wirkt in dieser rustikalen Umgebung überraschend. Schlichte Rahmungen aus weißem Stein, geziert mit dem Familienwappen, um die Fenster im Erdgeschoß und im ersten Stock, breite Gesimse zur Unterstreichung der Stockwerksgliederung, die Quaderumrahmung des Portals und das große Wappen der Pannochieschi d'Elci sind im 17. Jahrhundert hinzugekommen. Die Reinheit der Linien verleiht diesem Bau seine besondere Harmonie; ihm gegenüber erhebt sich auf der anderen Hofseite der Speicher, ein älteres Gebäude mit einer Bruchsteinmauer, das in den Fensterrahmungen und der Torgestaltung die Motive der Villenfassade übernimmt.

Das Innere der Villa, das sich durch große Schlichtheit auszeichnet, hat im ersten Stock an den Pendentif- beziehungsweise Tonnengewölben schöne Fresken aus dem 16. Jahrhundert bewahrt, die Pergolen vortäuschen oder Grotesken zeigen. In den Lünetten eines Raumes sind Darstellungen aller Besitzungen der Pannechieschi d'Elci vereint (die Burgen von Montemassi, Perolla, Tirli, Elci usw.), mit denen Reichtum und Bedeutung der Familie dokumentiert werden. Im Erdgeschoß finden sich in der Küche mit ihrer schönen, in lebhaften Farben mit Groteskenmotiven bemalten Balkendecke noch Kupfergeschirr und ein gußeiserner Ofen aus vergangener Zeit.

Gegenüber dem Eingangsportal gelangt man durch eine weitere Zinnenmauer in den Garten, den man schon von weiter oben sehen konnte. Man trifft hier auf die Kreuzung zweier weinumrankter Pergolen, von denen die eine auf aus Backstein gemauerten Pfeilern, die andere auf schlichten Holzpfosten ruht. Diese beiden aufeinander senkrecht stehenden Alleen mit ihrer eindrucksvollen Perspektive sind gesäumt von einem Stockrosenspalier und weiter entfernt von bankartigen Buchsbaumhecken.

Die Villa Anqua bewahrt trotz ihres unbestreitbar städtischen Zuschnitts den rustikalen Charakter eines bedeutenden ländlichen Hofgutes inmitten von Bauernhäusern und Wirtschaftsgebäuden; sie blieb seit dem 16. Jahrhundert so gut wie unverändert.

Links oben
Der Eingang in die Villa; das
Bruchsteinmauerwerk der
Wirtschaftsgebäude aus dem
14. Jahrhundert und die ebenmäßige
Backsteinfassade der Villa aus
dem 16. stehen in reizvollem Kontrast.

Links unten
Der Speicher wiederholt
Gestaltungselemente der Villa.

Rechts oben
Die Rahmungen und Gesimse
aus weißem Stein unterstreichen
noch den warmen Backsteinton
dieser prächtigen Fassade.

Rechts unten
Der „geschlossene Garten" ist von
so außerordentlicher Schlichtheit,
wie sie sich zweifellos die
toskanischen Humanisten erträumten.

Rechts
Auch dieser kleine Salon erhielt
durch die Besitzer eine betont
schlichte und intime Atmosphäre.

Die wunderbare, rosa getönte Fassade der Villa von Cetinale;
das Buchsparterre davor ist mit großen anmutigen Statuen
bestückt, die Füllhörner tragen. Rechts im Hintergrund
ragt der Uhrturm des Taubenhauses über die Olivenbäume.

Rechts oben
Die Villa im Hintergrund wird etwas verdeckt durch
die Häuser der Ortschaft Cetinale am Hügelhang.

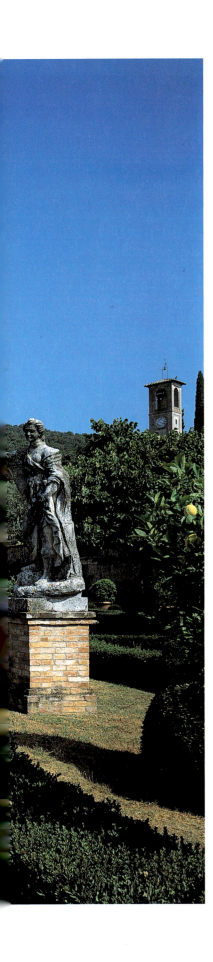

Cetinale

Westlich von Siena verbirgt sich unweit von Sovicille zwischen den wenigen Häusern der gleichnamigen Ortschaft die Villa Cetinale am Hang eines Hügels. Durch ein schmiedeeisernes Gittertor gelangt man in einen kleinen Garten und steht sogleich vor ihrer eleganten Fassade in schönen Proportionen.

Auf einer ebenen Fläche wurde die Villa 1680 von dem großen Barockarchitekten Carlo Fontana für den Kardinal Flavio Chigi, den Neffen Papst Alexanders VII. erbaut. Als reiche sienesische Bankiersfamilie, die vom 15. Jahrhundert an ihren Einfluß in Rom im Dienste der Päpste verstärkte, ließen die Chigis von bedeutenden Künstlern sowohl in Rom selbst (Palazzo Chigi, erbaut von Giacomo della Porta und Maderna; Villa Farnesina durch Baldassare Peruzzi und Raffael; Kolonnaden von St.Peter durch Bernini) als auch im Umland von Siena (Villen von Volte Alte und Vicobello durch Peruzzi) großartige Bauten errichten. 1691 konnte Kardinal Chigi den Großherzog Cosimo III. mit allem ihm gebührenden Gepränge in seiner Villa Cetinale empfangen.

Fontana greift hier auf Peruzzis Grundriß für die Villa Volte Alte von 1492 und auf dessen raffiniertere Weiterentwicklung für die Villa Farnesina von 1505 zurück: ein Rechteck mit zwei an der Hauptfassade vorspringenden Seitenflügeln. Fontana übernimmt auch das Schema der Fassadengliederung: den gleichen Bogenstellungen des Mittelteils sind in den Seitenflügeln die Fenster des Erdgeschosses und darüber die kleineren des Zwischenstocks zugeordnet und dann die größeren Fenster des ersten Stocks. Den oberen Abschluß bildet

ein niedriges Stockwerk mit fast quadratischen Fenstern. Wie in den Bauten Peruzzis öffnen sich die Erdgeschoßarkaden als Loggia, während jene im Obergeschoß nur als Rahmung der Fenster dienen. Fontana fügt gewisse dekorative Elemente hinzu, die für einen stärker barocken Charakter der Fassade sorgen: die gefälligen Fenster- und Arkadenrahmungen aus Backstein, die mächtigen Wappen zur Betonung des ersten Stockes, die Blendbalustraden zur Unterstreichung der Stockwerksgliederung und die versetzten Quader als Kantenschmuck. Diese wenigen Motive genügen in Gemeinschaft mit dem Farbenspiel aus cremefarbenem Verputz, dem Hellrot der Backsteineinfassungen und dem Hellgrau der Kantensteine, um dem Gebäude große Anmut und Ausgewogenheit zu verleihen.

Längs der Hauptallee durchquert man ein Parterre mit zu bewegten Formen gestutzem Buchs und Zitronenbäumen in großen Terrakottagefäßen. Hinter einigen Statuen ragen die efeuumrankten niedrigen Gewächshäuser auf. Gleich rechts von der Villa führen zwei Buchsstreifen zu einer reizenden kleinen Kapelle, deren reine Linien vom gleichen hellen Backstein unterstrichen werden, den auch die Villenfassade zeigt. Ihr Grundriß ist sehr einfach, und ihre Vorderfront zeigt über der Türe einen halbrunden und als oberen Abschluß einen dreieckigen Giebel.

Auf dem von Buchs und eingetopften Pflanzen gesäumten Weg geht man an ihrer Ostseite um die Villa herum. Auf der Rechten

Die rückwärtige Fassade wird beherrscht von der monumentalen
Freitreppe und im ersten Stock von der Portalrahmung. Diese
freilich wirkt mit ihren bossierten Pilastern, dem Papstwappen
Alexanders VII. und dem Dreiecksgiebel darüber hier über-
dimensioniert. Links ist die kleine Kapelle mit ihrer
rosafarbenen Backsteinfront zu erkennen.

erstreckt sich hinter der mit antiken Büsten bestückten Stützmauer ein in Terrassen angelegter Olivenhain, überragt von der schlanken Silhouette des Taubenhauses. Dieses reizende Gebäude mit einer schönen, von einer Uhr gezierten Backsteinaußenwand öffnet sich in einer Arkade, wo die Turteltauben gurren; den Hintergrund bildet das Laub des Parks.

Vor der rückwärtigen Front nach Norden bilden einige Pflanzen in Töpfen und Blumenrabatten die einzigen Reste des Parterres aus dem 17. Jahrhundert. Diese Rückseite ist stärker vom Barock geprägt als die Vorderansicht; eine elegante Monumentaltreppe führt in zwei Läufen erst zum Zwischenstock und dann in die erste Etage. Barocke Schmuckfreude drückt sich hier in mancherlei Details aus: der Balustrade als Geländer, den großen Rundfenstern im Erdgeschoß, den beiden Bogenstellungen in der Mitte, welche das Arkadenmotiv der Südseite aufgreifen, und schließlich der aufwendigen Rahmung des Hauptportals.

Wenn wir dieser Dekoration aus grauem Stein den Rücken kehren, folgt unser Blick der von hohen Zypressen gerahmten Allee, die sich scheinbar unendlich durch ein Meer von silbergraugrünen Olivenbäumen zu ziehen scheint. Wenn wir sie hinuntergehen, treffen wir auf zwei große Mauerflächen aus rosa Backstein, in deren Nischen seltsame Figuren stehen, welche, eine phrygische Mütze auf dem Kopf, die Arme vor der Brust verschränken. Diese schweigsamen Wächter scheinen auf den Eintritt in eine andere Welt vorzubereiten. Wir haben inzwischen festgestellt, daß die Allee in einen dünnen Verlängerungsstrich übergeht, der lange auf ein weiteres Gebäude auf der Höhe zuläuft. Also setzen wir unseren Weg längs des Obstgartens und durch die Olivenpflanzungen fort und kommen schließlich zu einer kleinen Lichtung. Dort haben wir dann eine steile Treppe vor uns, die durch den dichten Wald aufwärts führt zu einer Eremitage, die weithin sichtbar durch ein lothringisches Kreuz gekennzeichnet ist. Der ausgedehnte Steineichenwald vor ihr, „die Thebaïs" genannt, ist übersät mit kleinen Kapellen und mit Barockstatuen von Bartolomeo Mazzuoli. Der Name soll an die Wüste Oberägyptens erinnern, wohin sich im 3. Jahrhundert nach Christus viele Christen flüchteten, um dort Schutz vor Verfolgung zu finden und ein asketisches Leben zu führen. Der Kardinal Chigi habe angeblich die Einsiedelei zur Buße für den Mord an einem Nebenbuhler als Liebhaber errichten lassen; er sei einmal täglich zu diesem Andachtsort gepilgert, um sich seinen Platz im Himmel zu sichern.

Die gewaltige Achse, die schon südlich vom Haupteingang der Villa beginnt, die Besitzung von einer Seite zur anderen durchzieht und schließlich durch Feld und Wald bis zum Hügelkamm verläuft, sorgt für einen eindrucksvollen Effekt, der sowohl der Villa als auch der Eremitage zugute kommt. Dabei wird auf jede sonst für den Barock typische pompöse Ausstattung verzichtet, wie dies ja auch weitgehend für die Villa selbst gilt, und die Wirkung wird erreicht durch Klarheit und Schlichtheit.

Das Fehlen eines Gittertores am Eingangsportal
aus rosafarbenem Backstein, die strikt ausgerichtete
Reihung der Zypressen und die geöffneten Türen der
Fassade verstärken die Wirkung einer ins
Unendliche verlaufenden Perspektive.

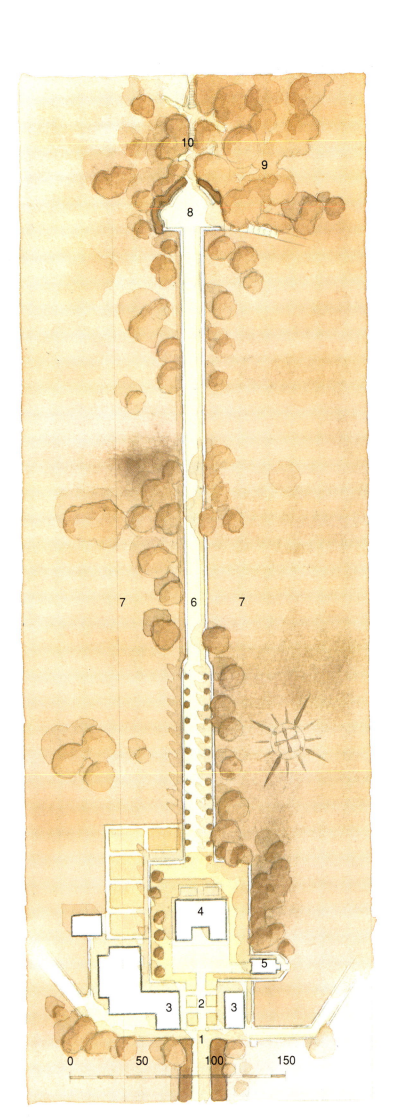

10

9

8

7 6 7

4

5

3 2 3

1

0 50 100 150

L'Apparita

Gleich südlich von Siena und nicht weit von der Ortschaft Santa Maria findet man die Villa L'Apparita inmitten einer ruhigen, landwirtschaftlich genutzten Umgebung, in der Felder sich abwechseln mit Wiesenflächen, auf denen Schafe weiden.

Man gelangt zu dem schlichten roten Ziegelbau mit nur einem Obergeschoß von der Rückseite her über eine weite Wiese. Der architektonisch interessanteste Bauteil der Villa ist zweifellos ihre Fassade, die als Einheit für sich von Baldassare Peruzzi im 16. Jahrhundert errichtet wurde. Die beiden vierbogigen Arkadenloggien übereinander wirken wie eine Theaterdekoration; aus den jeweiligen Öffnungen bieten sich je nach Standpunkt beim Blick in die Landschaft mannigfache Perspektiven. Diese Arkadenarchitektur hat zu keiner Seite einen Begrenzungs- oder Bezugspunkt, verfügt weder über sichtbaren Eingang noch irgendwelche Fenster — sie steht einfach so da als ästhetisches Element an sich. Die geradeläufige Treppe ist hier im Gegensatz zum sonst üblichen Platz in der Fassadenmitte rückwärts an die Seite versetzt, wie um die gleichmäßige harmonische Reihung der Arkaden nicht zu stören. Sie werden in der Klarheit und Schlichtheit ihrer Linien, die nur ganz zurückhaltend unterstrichen werden durch rahmende Pilaster im Obergeschoß, zu einem unvergleichlichen Bühnenbild.

Das Wohngebäude mit seinen kleinen Fenstern wurde im gleichen warmen Backsteinmauerwerk erst später hinzugefügt. Sein Eingang auf der linken Seite ist arkadenförmig von Efeu überwuchert.

Links: Die schlichte Architektur der Villa L'Apparita wirkt zugleich modern und doch ganz eingebunden in die sienesische Tradition.

Oben: Die kühne Arkadenfront Peruzzis mit ihrer im Tagesverlauf sich von Rosabeige zu kräftigem Rot ändernden Farbe prägt entscheidend ihr Umfeld.

Großzügig wirkt die weite freie Wiesenfläche vor der Villa, welche
die Schlichtheit der Gesamtanlage noch unterstreicht.

Im Inneren kommt man in einen hellen und geräumigen Salon, dessen gewölbte Decke sich auf einen einzigen Mittelpfeiler stützt. Der Schlichtheit der Architektur und der gesamten Örtlichkeit entspricht die der Möblierung. Im ersten Stock trägt ein langer Flur mit einer rhythmischen Reihung schöner, von korinthischen Kapitellen bekrönter Holzsäulen weiter zu der fast mönchischen, in jedem Falle durchgeistigten Atmosphäre bei. Hier oben verbirgt sich sozusagen der „Privatgarten" des Eigentümers von L'Apparita, des sienesischen Notars Giovanni Guiso: eine wertvolle Sammlung von Marionettentheatern aus allen Teilen der Welt mit den zugehörigen Figuren. Auf ihren Bühnen führen in liebevoll und detailversessen gemalten Kulissen diese schweigenden Schauspieler vor einem Publikum von Freunden berühmte große Opern auf wie *Manon Lescaut, Madame Butterfly, Der Troubadour* oder *Die Zauberflöte...*

L'Apparita scheint voll und ganz dem Theater geweiht. Denn auf der großen, von einzelnen Zypressen, Granatapfel- und Erdbeerbäumen sowie Lavendel- und Ginsterbüschen bestandenen Wiese um das Haus hat man etwas tiefer eine Freilichtbühne vor dem Hintergrund der Hügel des Chianti eingerichtet. Am oberen Rand halten zwei hohe Zypressen Wache, zwischen sich zwei große, fein gearbeitete Terrakottavasen mit Schwanenhalshenkeln auf schlanken, mit Grotesken verzierten Sockeln. Am sanft geneigten Hang sind in lockeren Reihen einfache rötlichbraune Holzbänke aufgestellt, ausgerichtet auf die Bühne. Diese besteht lediglich aus einem Rund in den Boden eingelassener Steine mit fünf weiteren solcher Sockelvasen wie oben als einziger Dekoration. Einen Teil des Kreises schließt eine Buchshecke als Naturkulisse für die Schauspieler. Das kräftige Rot der Terrakottavasen und das Holz der Bänke bildet, zugleich das Ziegelrot der Villa aufnehmend, einen schönen Kontrast zum hellen Grün der Wiese. Dieser streng stilisierte und von äußerster Schlichtheit geprägte Rahmen wurde 1960 von Pietro Porcinai entworfen, der auch die Gärten der Villa Gamberaia und der Villa Il Roseto gestaltete. Im Sommer kommen hier Gäste zu den von Don Guiso veranstalteten Rezitationsabenden und musikalischen Veranstaltungen zusammen.

Unweit hat Don Guiso an einem kleinen Backsteinmäuerchen ein Zitat aus Tassos *Aminta* anbringen lassen, das auch seine eigene Philosophie wiedergibt: „Verloren ist jegliche Zeit, die nicht der Liebe gewidmet ist." Zweifellos wollte er hier ein Stück idealisiertes Paradies schaffen, einen geistvollen Erholungsort im Sinne der von den Humanisten erträumten Villa der Renaissance.

Die friedvolle Harmonie und die große, schlichte Reinheit der Linien und Proportionen machen diese Villa, die ganz dem Kult der Schönheit und des Theaters geweiht ist, zu einer poetischen und von heiterer Gelassenheit geprägten Stätte. Der Landschaftsgestalter konnte die Originalität und Modernität von Peruzzis Arkadenloggia nutzen zu einer gelungenen Verbindung zwischen ihr und dem Theater, obwohl doch vier Jahrhunderte sie trennen. Außerdem ist L'Apparita gerade wegen des Fehlens der sonst so typischen Elemente wie der Parterres auf italienische Art oder des Bosketts eine so ungewöhnliche Ausnahme unter den toskanischen Villen, daß sie allein deshalb schon besondere Hervorhebung verdient.

Vorhergehende Seite und rechts
Das Freilichttheater im Angesicht der Hügel des
Chianti, die sich ringsum wie endlos erstrecken.
Porcinai war besonders stolz darauf, hier
durch die Verbindung ganz schlichter Elemente
einen trotzdem außerordentlich beeindruckenden
Rahmen geschaffen zu haben.

Praktische Hinweise

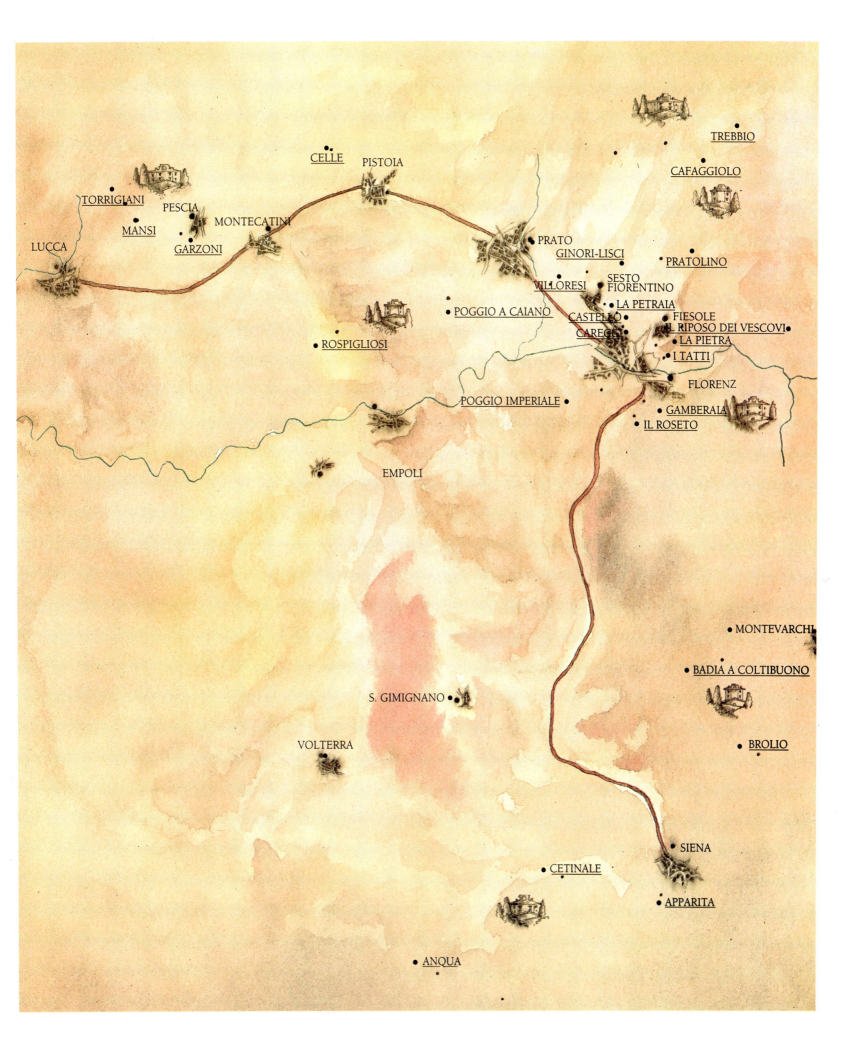

TREBBIO

CAFAGGIOLO

CELLE PISTOIA

TORRIGIANI

PESCIA

MANSI MONTECATINI

GARZONI

LUCCA

PRATO

GINORI-LISCI

PRATOLINO

VILLORESI SESTO
FIORENTINO

POGGIO A CAIANO LA PETRAIA

CASTELLO FIESOLE

IL RIPOSO DEI VESCOVI

ROSPIGLIOSI CAREGGI LA PIETRA

I TATTI

FLORENZ

POGGIO IMPERIALE GAMBERAIA

IL ROSETO

EMPOLI

MONTEVARCHI

BADIA A COLTIBUONO

S. GIMIGNANO

BROLIO

VOLTERRA

SIENA

CETINALE

APPARITA

ANQUA

Register

Literaturverzeichis

Acton, Harold, *Villen der Toscana*, Bern 1984

Agnelli, Marella (in Zus.arb. m. L. Pietromarchi, R. E. Bright, F. Forquet), *Italienische Gärten und Villen: Verzauberte Welten*, Herford 1988

Alberti, Leon, Battista, *Vom Hauswesen (Della Famiglia)* (1437–1441), München 1986

Alberti, Leon Battista, *Zehn Bücher von der Baukunst*, Darmstadt 1988

Belli Barsali, Isa, *Catalogo della Mostra delle Ville Lucchesi del'500*, Lucca 1975

Belli Barsali, Isa, *Ville e Giardini del Capannorese*, Lucca 1986

Belli Barsali, Isa, *Ville e Committenti dello Stato di Lucca*, Lucca 1980

Biasutti, Renato, *La casa rurale della Toscana*, Erw. Ausg. Florenz 1952

Boccacio, *Decamerone*, Darmstadt 1974

Bödefeld, Gerda/Hinz, Berthold, *Die Villen der Toscana und ihre Gärten*, Köln 1991

Bosi, Lorenzo, *Le Ville del Chianti*, Pistoia o. J.

Brion, Marcel, *Die Medici. Eine Florentiner Familie*, Wiesbaden 1970

Brucker, Gene, *Florenz in der Renaissance*, Reinbek 1990

Burke, Peter, *Die Renaissance in Italien. Sozialgeschichte einer Kultur zwischen Tradition und Erfindung*, Berlin 1984

Burke, Peter, *Städtische Kultur in Italien zwischen Hochrenaissance und Barock. Eine historische Anthropologie*, Berlin 1986

Chastel, A., *Die Krise der Renaissance in Italien*, Genf 1968

Chastel, A., *Der Mythos der Renaissance*, Genf 1969

Chastel, A., *Die Kunst Italiens*, 2 Bände, München 1961

Cleugh, James, *Die Medici. Macht und Glanz einer europäischen Familie*, München 1984

Colonna, F., *Hypnerotomachia Poliphili*, s. u. Schmidt

Davidsohn, R., *Geschichte von Florenz*, Reprint Berlin 1969

Dörrenhaus, Fritz, *Villa und Villeggiatura in der Toskana*, Wiesbaden 1976

Eberlein, Harold Donaldson, *Villas of Florence and Tuscany*, Philadelphia/London/New York 1922

Ernst, L., *Manieristische Florentiner Baukunst*, Potsdam 1934

Fara, Amalio, *Bernardo Buontalenti, l'archittetura, la guerra e l'elemento geometrico*, Genua 1988

Fara, Amalio, *Buontalenti, architettura e teatro*, Florenz 1979

Fossi, Gloria, *Florenz, blühende Metropole der Toskana*, München 1987

Geymüller, H./Stegmann, C. v., *Die Architektur der Renaissance in Toscana ...*, 12 Bände, München 1885–1909 (v. a. Bd. X)

Gothein, Marie Luise, *Geschichte der Gartenkunst*, 2 Bde., Jena 1926

Hansmann, Wilfried, *Gartenkunst der Renaissance und des Barock*, Köln 1983

Harprath, Richard, *Giuseppe Zocchi. Veduten der Villen und anderer Orte der Toscana, 1744*, Ausstellungskatalog, Staatliche Graphische Sammlung München, München 1988

Il palazzo dei Buonvisi al giardino, Hrsg. Comune di Lucca, Lucca o. J.

Introduzione ai giardini del senese, Hrsg. Archivio Italiano dell' Arte dei Giardini, Siena, 2. Aufl. 1979

Keutner, Herbert, *Kunst des Barock in der Toskana*, München 1976

Kliemann, Julian-Matthias, *Politische und humanistische Ideen der Medici in der Villa Poggio a Caiano*, Bamberg 1976

Lensi Orlandi, Giulio, *Le ville di Firenze.* 2 Bde.: *Di qua d'Arno; Di là d'Arno*, Florenz 1954

Lowell, Guy, *Smaller Italian Villas and Farmhouses*, New York 1922

Mader, Günter/Neubert-Mader, Laila, *Italienische Gärten*, Stuttgart 1987

Marchini, G., *Giuliano da Sangallo*, Florenz 1942

Masson, Georgina, *Italienische Gärten*, München 1962

Masson, Georgina, *Italienische Villen und Paläste*, München/Zürich 1959

Mehling, Marianne, *Florenz und Toskana*, München 1983

Mignani, Daniela, *Le Ville Medicee di Giusto Utens*, Florenz 1988

Montaigne, Michel de, *Tagebuch einer Badereise 1580/81*, Stuttgart 1963

Morisanio, D., *Michelozzo architetto*, Turin 1951

Paatz, W., *Die Kunst der Renaissance in Italien*, Stuttgart 1961

Patzak, Bernhard, *Die Renaissance- und Barockvilla in Italien*, 3 Bde., Leipzig 1908–13

Plinius d. J., *Briefe*, 6 Bde., Stuttgart 1990

Reinhard, Volker, *Florenz zur Zeit der Renaissance*, Freiburg 1990

Reumont, Alfred von, *Lorenzo de' Medici*, 2 Bde., Leipzig 1874

Rilievi di Fabbriche attribuite a Baldassare Peruzzi, Hrsg. Ministero per i Beni Culturali e Ambientali, Siena 1982

Schillmann, F., *Florenz und die Kultur Toskanas*, Wien 1929

Schmidt, Dorothea, *Untersuchungen zu den Architekturphrasen in der Hypnerotomachia Poliphili des Francesco Colonna*, Frankfurt 1978

Schubring, P., *Die Kunst der Hochrenaissance in Italien*, Berlin 1926

Shepherd, J. G./Jellicoe, G. A., *Italian Gardens of the Renaissance* (1925), Princeton 1986

Steinacker, Bernhard, *Florenz-Chianti-Siena*, Leverkusen 1988

Vasari, Giorgio, *Leben und Werke der berühmtesten italienischen Architekten, Bildhauer und Maler*, Hrsg. F. Gansberg, Hamburg/Berlin 1913

Villa Tornabuoni Lemmi di Careggi, Hrsg. Istituto Nazionale per L'Assicurazione Contro gli Infortuni sul Lavoro (INAIL), o. O. (Mailand), o. J. (1988)

Wharton, Edith, *Italian Villas and their Gardens*. New York 1976

Wölfflin, Heinrich, *Renaissance und Barock. Eine Untersuchung über Wesen und Entstehung des Barockstils in Italien* (1888), Leipzig 1986

Young, G. F., *I. Medici*. Rom 1969 [frz. Ausg. Paris 1969, engl. Ausg. London 1909]

Zangheri, Luigi, *Ville della provincia di Firenze. La città*, Mailand 1989

Die Statue des Apennins
in der Villa Castello

Danksagung

Dieses Buch hätte nicht entstehen können ohne die Großzügigkeit und die verständnisvolle Hilfsbereitschaft vieler Besitzer der hier vorgestellten Villen; dankbar erwähnen wollen wir in diesem Sinne die Herren Lorenzo Scaretti und Antonio Geron, die Krankenhausverwaltung von Santa Maria Nuova in Careggi, Frau Cristina Villoresi und die Marchesa Maria-Teresa Ginori-Lisci sowie Herrn Renzo Taddei als Präsident der Hoteliersvereinigung von Montecatini Terme und Herrn Giuliano Gori; Frau Nieuwenkamp, Frau Monica Maffioli und Frau Alessandra Marchi; Sir Harold Acton und Frau Fiorella Superbi vom Zentrum für die Kunstgeschichte der italienischen Renaissance der Harvard-Universität in der Villa I Tatti; Herrn Giorgio und Frau Marisa Benelli; die Fürstin Colonna Torrigiani, Frau Claudia Salom, die Grafen Stucchi Prinetti, Baron Giovanni und Baronin Claudia Ricasoli Firidolfi, den Grafen Andrea Pannochieschi d'Elci, Lord Lambton und Dr. Giovanni Guiso.

Ihre guten Verbindungen zur toskanischen Gesellschaft und die unermüdliche Hilfe von Herrn Giorgio Calligaris und des Marchese Niccolò Roselli del Turco von der Vereinigung historischer Wohnsitze Italiens haben uns viele Türen geöffnet, die ohne sie wohl verschlossen geblieben wären...

Nicht versäumen möchte ich meinen Dank auch jenen gegenüber, die mich bei meiner Arbeit ermutigt haben, vor allem Jean-Claude Dubost und Jean-François Gonthier, die mir ihr Vertrauen schenkten, und Doug Headline, der mir nie Rat und Unterstützung versagte und geduldig die Korrekturen für die Originalausgabe dieses Buches las.

Die Pläne auf den Seiten
59, 120, 141, 176, 208 zeichnete Olivier Hubert,
die Karte auf S. 217 Emmanuelle Berthet.

Printed in Italy
La Zincografica Fiorentina